Tim Frühling

111 Orte in Osthessen und in der Rhön, die man gesehen haben muss

Mit Fotografien von Christine Frühling

111

Alles Liebe
und viel Spaß!
Tim Frühling

emons:

Bibliografische Information der Deutschen Nationalbibliothek
Die Deutsche Nationalbibliothek verzeichnet diese Publikation in der Deutschen Nationalbibliografie; detaillierte bibliografische Daten sind im Internet über http://dnb.d-nb.de abrufbar.

PEFC zertifiziert

Dieses Produkt stammt aus nachhaltig bewirtschafteten Wäldern und kontrollierten Quellen

PEFC/04-31-1370

www.pefc.de

Layout: Eva Kraskes, nach einem Konzept von Lübbeke | Naumann | Thoben
Kartografie: altancicek.design, www.altancicek.de
Kartenbasisinformationen aus Openstreetmap,
© OpenStreetMap-Mitwirkende, ODbL
Druck und Bindung: Grafisches Centrum Cuno, Calbe
Printed in Germany 2017
Erstausgabe 2017
ISBN 978-3-7408-0127-4
Aktualisierte Neuauflage September 2017

Vorwort

»Finn-Ole, Lara-Mia, wir fahren dieses Jahr in den Sommerferien drei Wochen in die Rhön.« Der Sohn, zwölf, zeigt seinen Eltern einen Vogel und verzieht sich schweigend zur Spielkonsole, die Tochter, 14, hat sofort wässrige Augen, ruft ihre beste Freundin an und rotzt mit tränenerstickter Stimme Wörter wie »uncool« und »ätzend« in den Hörer.

Deutsche Mittelgebirge haben gelegentlich ein kleines Imageproblem, da macht die Gegend zwischen Bad Kissingen, Fulda, Bad Hersfeld und Meiningen keine Ausnahme. Der urbane Hipster sieht vor seinem geistigen Auge holzvertäfelte Pensionszimmer, matschige Feldwege und spießige Gaststuben, in denen der Geruch von jahrzehntelanger Frittiertätigkeit steht.

Glücklicherweise ist diese Mentalität gerade im Wandel. Viele Menschen interessieren sich wieder für Urlaubsalternativen, für die man nicht um die halbe Welt fliegen muss. Was hat denn eigentlich mein Bundesland in den Gegenden zu bieten, die ich vielleicht noch nicht so gut kenne?

Wer so denkt, wird zwischen Werra, Fulda und Fränkischer Saale ein kleines Paradies entdecken. Intakte Natur auf der einen Seite, spannende Städte auf der anderen und vor allem Menschen, die sich vom rauen Klima und der jahrzehntelangen Teilung nicht abschrecken ließen. Menschen mit Visionen und Ideen, die ihre Heimat lieben und die Region mit ihren Gasthöfen, Firmen, Kunstwerken oder Museen bereichern.

Osthessen und die Rhön sind auf dem Sprung, vom armen Bauernland in Zonenrandlage zum touristischen und industriellen Zentrum im Herzen Deutschlands zu werden. Entdecken Sie die Gegend, bevor es alle anderen tun. Finn-Ole will im nächsten Jahr übrigens mit seinen Freunden im Tipi-Dorf schlafen und Lara-Mia das Rhön-Schäfchen besuchen, bei dessen Geburt sie dabei war.

111 Orte

gut...

1 Das Biedermeierbad

Das stählt!

Mitten im Kurpark sprudelt der größte Schatz des kleinen Heilbads dem Tageslicht entgegen: Deutschlands eisenhaltigster Brunnen, offiziell Balthasar-Neumann-Quelle, im Volksmund auch Stahlquelle genannt. Wer sich zu einer Trinkkur überwindet (arg lecker ist es nicht), versorgt seinen Körper mit lebenswichtigen Mineralien, denn auch die Calcium- und Magnesiumwerte sind vorbildlich. Ebenso gesund ist ein Bad im Bockleter Stahlwasser, es senkt den Blutdruck, lockert die Muskeln und regt den Stoffwechsel an.

Diese Eigenschaften waren es, die im Jahr 1800 auch Caroline Schlegel ins Tal der Fränkischen Saale kommen ließen. Sie war seinerzeit Ehefrau des Shakespeare-Übersetzers August Wilhelm Schlegel und später mit dem Philosophen Friedrich Schelling verheiratet. Die Dame, die einigen schlauen Männern damals als Muse galt, reiste mit ihrer Tochter Auguste an, um eine ernst zu nehmende Fiebererkrankung in den Griff zu bekommen. Das gelang relativ schnell, allerdings zog sich Auguste die Ruhr zu und starb im Alter von nur 15 Jahren. Weil nun wiederum Goethe ein besonders aufwendiges Grabmal für sie beim Bildhauer Bertel Thorvaldsen in Auftrag gab, gehen einige Wissenschaftler bis heute davon aus, dass Deutschlands Top-Literat der heimliche Vater des Mädchens war. Bei der Reliefarbeit des dänischen Künstlers handelt es sich um eine Szene aus Carolines Zeit in Bad Bocklet, sie bekommt von ihrer Tochter ein Trinkgefäß gereicht. Ein Abdruck davon steht im Kurmittelhaus, das Original im Thorvaldsen-Museum in Kopenhagen.

Bei dieser Geschichtsträchtigkeit verwundert den heutigen Besucher vielleicht die überschaubare Größe des Heilbads. Im Ortskern selbst ist vom Kurbetrieb nur wenig zu spüren, dafür sind die Biedermeier-Bauwerke im Park ein umso stärkerer Publikumsmagnet – und ein Zeuge der großen Historie dieses kleinen Erholungsortes am Rand der Rhön.

Adresse Brunnenbau mitten im Kurpark, Kurhausstraße 2, 97708 Bad Bocklet | **ÖPNV** Bus 8142 oder Bäderlandbus 8230, Haltestelle Bad Bocklet Ortsmitte – oder Postkutsche! | **Anfahrt** A 71 Ausfahrt Münnerstadt oder von der B 286 über Burkardroth oder Bad Kissingen ins Tal der Fränkischen Saale | **Tipp** Im benachbarten Schloss Aschach gibt's gleich drei Ausstellungen: Schulmuseum, Volkskundemuseum und die gräfliche Sammlung. Das Ticket gilt für alle drei.

2 Die Christuskirche

Art nouveau mit Niveau

Wenn das Ensemble historischer Bauten im Staatsbad Brückenau eine Gruppe spielender Kinder wäre, stünde die Christuskirche an der Stelle des Kindes, das nicht mitspielen darf. Dabei ist der Bau etwas ganz Besonderes, eine Jugendstilkirche nämlich, und damit einmalig in ganz Unterfranken.

Die Pläne für das evangelische Gotteshaus stammen vom Architekten und königlichen Hofbaurat Eugen Drollinger. Der durfte davor am Schloss Neuschwanstein mitbauen und führte Regie bei der Erweiterung des Schlafzimmers Seiner Majestät, König Ludwig II., auf Schloss Linderhof. Die Christuskirche sieht allerdings völlig anders aus als die verspielten Schlösser des exaltierten Bayern-Königs.

Manche Elemente lehnen sich architektonisch an die Grabeskirche in Jerusalem an. Besonders deutlich sind die Parallelen an der runden Apsis, der Kuppelgestaltung und dem kleinen Uhrturm an der Südostecke zu erkennen. Es lohnt sich, ein wenig Zeit für die Besichtigung mitzubringen und sich im Detail zu verlieren. Sakral wirken die frei stehenden Säulenfiguren, die die Evangelisten Matthäus, Markus, Lukas und Johannes darstellen. Verspielt dagegen die fast schon bäuerliche Bemalung von Türen, Emporen und Orgel. Eine Wellenlinie schlängelt sich die Treppengeländer empor, Fratzen und Fledermäuse zieren die Griffe der Außentüren.

Genau wie die Christuskirche wurde auch ihr katholisches Pendant Sankt Marien am anderen Ende des Staatsbads 1908 fertiggestellt; ebenfalls entworfen von Baumeister Drollinger. Der Jugendstil muss sich hier den Platz allerdings mit barockartigen Elementen teilen. Und natürlich ist Sankt Marien größer und prominenter platziert. Denn auch wenn die hessische Grenze am Hang nur einen Steinwurf entfernt ist, sind wir hier in Bayern. Und da wäre es ja noch mal schöner, wenn so ein protestantisches Gebäude einem katholischen den Rang abliefe.

Adresse Heinrich-von-Bibra-Straße, 97769 Bad Brückenau | ÖPNV Bus 8054 und 8056, Haltestelle Staatsbad Vital Spa | Anfahrt A 7 Ausfahrt Bad Brückenau-Volkers oder Bad Brückenau/Wildflecken, in Bad Brückenau Beschilderung »Staatsbad« und dort den Hinweisen zum Fahrradmuseum folgen, Kirche liegt direkt hinter dem Museum | Öffnungszeiten tagsüber geöffnet | Tipp Günstiger als im Dorint schläft es sich im Badhotel. Auch mitten im Kurgebiet, die renovierten Zimmer sind sehr schick.

3 Das Deutsche Fahrradmuseum

Ein echter Radschlag

Das Fahrrad hat 2017 seinen 200. Geburtstag! Und einer feiert garantiert heftig mit: Ivan Sojc, Herr über die umfassendste Drahtesel-Kollektion Deutschlands. Alles, was zwei Räder hat und per Muskelkraft angetrieben wird, gibt es bei ihm zu sehen. Von einer pedallosen Laufmaschine aus dem Jahr 1820 (hat sich nicht durchgesetzt) bis zur plastikummantelten Designstudie aus den 1980er Jahren (auch nicht) zeigt das Museum die komplette Entwicklung dieses Verkehrsmittels.

Dabei verbirgt sich hinter jedem Exponat eine ganz besondere Geschichte. Ein Rad aus dem Jahr 1929 zum Beispiel, das seinen Standort immer wieder zwischen der Schweiz und Mexiko wechselte, dabei aber immer nur als Pfand diente und deswegen bis heute noch nie benutzt wurde. Oder ein gedrungenes Modell, auf dem bei einem Steherrennen hinter einem Schrittmachermotorrad der immer noch gültige Weltrekord von sagenhaften 154 Kilometern pro Stunde erreicht wurde. Dazu ein wahres Füllhorn an Kleinigkeiten, die das Radfahren im Lauf der Jahrzehnte verschönert und individualisiert haben: Blumenvasen für den Lenker, ausfahrbare Teleskop-Trinkbecher für Sportliche und Armbanduhren, die als Nachfolger der Taschenuhr nämlich extra für die Radler erfunden wurden.

Viele Besonderheiten entdeckt der Besucher erst, wenn er sich vom Museumsteam die Schätze ein bisschen erklären lässt. Außerdem wird auf Nachfrage ein Raum aufgeschlossen, der zu einem antiken Fahrradladen umgebaut wurde. Allein dieser Duft nach Gummi und Schmieröl katapultiert die Gäste zurück in Großvaters Zeiten. Vor dem Haus stehen jede Menge zweirädrige Kuriositäten, an denen sich die Kinder austoben können, während Mama und Papa im museumseigenen Jugendstilcafé die nächste Radtour planen. Denn auf die hat man nach einem Besuch so richtig Lust!

Adresse Heinrich-von-Bibra-Straße 24, 97769 Bad Brückenau | ÖPNV Bus 8054 und 8056, Haltestelle Staatsbad Vital Spa | Anfahrt A 7 Ausfahrt Bad Brückenau-Volkers oder Bad Brückenau/Wildflecken, in Bad Brückenau Beschilderung »Staatsbad« und dort den Hinweisen zum Fahrradmuseum folgen | Öffnungszeiten Di–Fr 9–12 und 14–17 Uhr, Sa, So und Feiertage 10–17 Uhr | Tipp Die Schlossgärtnerei betreibt oberhalb des Museums einen kleinen Tierpark. Nicht sehr groß, aber kostenlos.

4 Der Gaststättennotstand

Daran kranken die Franken

Bad Brückenau hat ein Problem. Oder vielleicht sogar mehrere, die aber aus einem Kernproblem resultieren. Und zwar das etwa dreikilometrige Auseinanderliegen von Staatsbad und Kernstadt. Im touristischen Kur-Vorort sieht alles ganz gut aus: Parkanlagen und Gebäude sind rausgeputzt, das größte Hotel hat gerade mächtig angebaut – und sogar in der Nebensaison tummeln sich genügend Erholungsuchende zwischen Bellevue und Fürstenhof.

Aber der verwegene Autor will ja nicht nur das Schatzkästlein sehen, sondern das wahre, echte Bad Brückenau. Und sich dort nach einem langen Recherchetag zünftig den Wanst füllen. Im Nachhinein eine schlechte Idee. Denn im historischen Zentrum regiert die Tristesse. Ein Laden neben dem anderen steht leer, besonders heftig hat es die touristische Infrastruktur erwischt. Der Stadtrundgang mit leerem Magen wird zunehmend deprimierend. Hotel zum Schwan: jetzt ein Ingenieurbüro. Gasthof zum Löwen: ein Shop für Druckerzeugnisse. Zum Stern: zu vermieten, Hotel Sonne, Hotel Post, Osteria per Tutti: alle zu. Die Laune wird schlechter und der Hunger auf fränkische Küche größer. Letzte Hoffnung ist der Gasthof zur Krone. Aber nicht dienstags. Ruhetag. Man läuft an einem Brunnen vorbei. Drei Menschen aus Metall unter Schirmen, von denen pausenlos der Regen tropft. Sinnbildlich, irgendwie.

Also reumütig zurück ins Staatsbad. Dort wird eine kleine Gastwirtschaft an der Hauptstraße vom Internet empfohlen. Hat geöffnet und macht auf den ersten Blick einen behaglichen Eindruck. Der Körper hat noch nicht in Gänze den Türrahmen durchschritten, als mir die Bedienung grußlos vorbeieilend entgegenblökt: »Mir ham fei nix mehr zu essen.«

Am Schluss wird es eine Pizza. Nicht sehr fränkisch, aber besser als der Heldentod. Bad Brückenau ist einer von 111 Orten in Osthessen und der Rhön, die man gesehen haben muss. Aber nicht hungrig.

Adresse Ludwigstraße, 97769 Bad Brückenau | ÖPNV Bus 8054, Haltestelle Siebener Sprudel | Anfahrt A 7, aus Norden Ausfahrt Bad Brückenau-Volkers, aus Süden Bad Brückenau/Wildflecken | Tipp Halbpension buchen.

5 Die Europablumen

Kugelmeer im Kreisverkehr

Verkehrskreisel sind schwer im Trend und sorgen für eine Demokratisierung des Straßenverkehrs. Jeder hat die gleichen Rechte und Pflichten, egal, ob er sich von einer Hauptverkehrsader oder einer Nebenstraße dem Lenkradrumreißer nähert. Recht: machen zu können, was man will, wenn man erst mal drinnen ist; Pflicht: so lange zu warten, bis der Fahrer im Rondell seine Lieblingsausfahrt gefunden hat. Und noch dazu eignet sich die Innenfläche so eines Verkehrsrundes tipptopp für allerlei Kunst oder sonst wie Herzeigbares.

Die allerherzigste Kreiselzier Waldhessens sind die »Europablumen« am nördlichen Rand der Bad Hersfelder Innenstadt. Irgendein kommunaler Verantwortlicher muss mal im westfälischen Arnsberg gewesen sein, denn da kommen sie her. Der dort ortsansässige Künstler Rudi Olm durfte einen Kreisverkehr seiner Heimatstadt mit den Leuchtkugeln schmücken, kurz darauf ging die Bestellung aus der Festspielstadt ein. Olm will mit seinem Kunstwerk die Staaten der Europäischen Union an den hohen Wert des friedlichen Zusammenlebens erinnern, jeder ist anders, aber nur gemeinsam ist man stark.

Über den Sinn eines Verkehrskreisels an dieser Stelle war in Hersfeld seinerzeit rege diskutiert worden, die Kunstinstallation wiederum gefiel – zwei jungen Herren sogar so gut, dass sie kurz nach der Enthüllung in mehreren Etappen, jeweils betrunken, sechs der Polycarbonatkugeln klauten. Allerdings konnte der Kunstraub schon bald aufgeklärt werden, und so leuchten heute wieder alle 27 Exponate in trauter europäischer Eintracht den bremsenden Autofahrern entgegen. Vorübergehend war es übrigens eine Blume zu wenig, denn mit dem Beitritt Kroatiens umfasste die EU 28 Länder. Aber nach dem Brexit wird die ursprüngliche Zahl wieder aktuell. Und falls noch ein Land ausscheiden sollte, könnte man den kunstaffinen Kleptomanen ja ganz offiziell ein Kügelchen schenken.

Adresse Meisebacher Straße, 36251 Bad Hersfeld | **ÖPNV** ab Bahnhof Bad Hersfeld etwa 15 Minuten Fußweg, am nördlichen Rand der Altstadt | **Anfahrt** A 4, Ausfahrt Bad Hersfeld, Beschilderung »Stadtmitte« folgen, dort in der nordöstlichen Ecke des Stadtrings | **Tipp** Vorbei an den Weihern des ehemaligen Stadtgrabens geht's zur Stiftsruine: das Must-see schlechthin in Bad Hersfeld.

6 L'étable im Stern

Fein essen in Waldhessen

Spitzenküche geht auch ohne Kaviar, Austern und Champagner. Findet jedenfalls Patrick Spies – und der muss es wissen, schließlich ist er der einzige Sternekoch Osthessens. Nach Stationen in Sankt Moritz, Nordrhein-Westfalen, Baden-Württemberg und auf Sylt ist der Eiterfelder Junge vor ein paar Jahren in die Heimat zurückgekehrt und hat mit dem »Stern« in Bad Hersfeld einen perfekten Partner gefunden.

Von Donnerstag bis Sonntag verwöhnen Spies und sein Team die Gäste im Restaurant »L'étable«, was auf Deutsch Kuhstall heißt und schon anklingen lässt, dass auch Sterneküche Spuren von Irrigkeit verträgt. Ein norddeutscher Wels wird mit Steinpilzen und Rote-Bete-Sud veredelt, das Pfälzer Lamm kommt mit Ananas, Schokoladenminze und Sonnenblumenkernen. Hier ein wenig experimentell, dort ein bisschen bodenständig, sechs Gänge unter 100 Euro: Das ist das Konzept, um das Gourmetrestaurant auch außerhalb der Festspielzeit zu füllen. Wer zum ersten Mal kommt, mag sich über den fensterlosen Raum wundern. Aber so ist das nun mal in einem Kuhstall, außerdem finden die wahren Sehenswürdigkeiten hier auf dem Teller und nicht draußen auf der Straße statt.

In »Stern*s Kochwerkstatt«, schräg gegenüber dem Hotel, gibt Patrick Spies Einblicke in seine Kunst. Dort kann man Kochen lernen und im stylishen Ambiente einen genussvollen Abend verbringen. Natürlich kann der Sternekoch nicht jedes Mal dabei sein, aber wer einen der sechs Gourmetkurse im Jahr bucht, ist sich der Anwesenheit des großen Meisters sicher. Und die Chancen stehen gut, dass Spies den Hersfeldern lange erhalten bleibt. »Die Wanderjahre sind vorbei«, sagt der Koch, der sich wieder in seinem Heimatdorf Leimbach niedergelassen hat. Und solange die unangemeldeten Michelin-Inspektoren weiterhin zu ihrer Zufriedenheit verköstigt werden, bleibt der Stern im »Stern« und das Traditionshaus am Linggplatz eine feste Adresse in Feinschmeckerkreisen.

Adresse Hotel zum Stern, Linggplatz 11, 36251 Bad Hersfeld | **ÖPNV** vom Bahnhof Bad Hersfeld etwa 10 Minuten Fußweg | **Anfahrt** A 4, Ausfahrt Bad Hersfeld, Beschilderung »Stadtmitte« folgen, dort am besten auf dem Marktplatz parken, Parkbeschilderung »Markt« | **Öffnungszeiten** Do – Sa abends, So mittags und abends | **Tipp** Wer die klare Kante der Romantik vorzieht, übernachtet im B&F-Hotel. Dort haben die Architekten das Waschbecken ins Zimmer geplant … muss man mögen.

7__Der Sensorik-Marktplatz

Carwatch

Wenn Sie das nächste Mal über den Marktplatz von Bad Hersfeld schlendern, werfen Sie einen Blick nach oben. Nicht auf die Giebel der historischen Häuser – ja, die sind auch schön –, sondern auf ein Prachtstück modernster Technik. Die Kameraanlagen von Cleverciti Systems.

Der riesige Platz bietet eine Abstellmöglichkeit für mehr als 300 Autos. Problem bisher: Man wusste nie so recht, in welcher Reihe noch etwas frei ist. Das hat sich geändert, seit die Kameras der Parksensorik-Spezialisten den Marktplatz rund um die Uhr von oben abtasten. Eine einzige erfasst bis zu 100 Parkplätze und sendet die Information für die umherkurvenden Autofahrer sofort auf einen Bildschirm. Bad Hersfeld hat das System als erste deutsche Stadt ausprobiert und ist mit einer Trefferquote von mehr als 99 Prozent mehr als zufrieden. In Zukunft ist sogar geplant, freie Stellflächen direkt an die Navigationssysteme in den Autos zu melden. Um Chaos zu vermeiden, muss nur noch sichergestellt werden, dass nicht Dutzende Fahrer gleichzeitig zu einer freien Parklücke dirigiert werden. Studien haben ergeben, dass Parkplatzsucher rund 30 Prozent des Innenstadtverkehrs ausmachen. Angesichts dieser Zahlen und des damit verbundenen CO_2-Ausstoßes scheinen intelligente Leitsysteme tatsächlich sinnvoll zu sein.

Ob es Sinn macht, diesen schönen Platz in Bad Hersfeld nur als Abstellfläche zu nutzen, steht auf einem anderen Blatt. Sicher kämen die Häuser aus den verschiedenen Stilepochen besser zur Geltung, wenn man beim Bewundern nicht um mehrere hundert Autos herumtänzeln müsste. Aber zumindest wissen wir jetzt, dass das Parkraummanagement auf dem neuesten Stand ist – und wer sich angesichts dieser Tatsache noch bunte Marktstände mit bekopftuchten Verkäuferinnen und taubenfütternde Senioren auf einem autofreien Platz wünscht, muss als technikfeindlicher Romantiker gescholten werden.

Adresse Am Markt, 36251 Bad Hersfeld | **ÖPNV** vom Bahnhof Bad Hersfeld etwa 15 Minuten Fußweg | **Anfahrt** A 4, Ausfahrt Bad Hersfeld, Beschilderung »Stadtmitte« und dann Parkbeschilderung »Markt« folgen | **Tipp** Jeden zweiten und vierten Mittwoch im Monat kann um 15 Uhr der Turm der Stadtkirche mit seinen 222 Stufen bestiegen werden. Grandiose Sicht!

8 Das wortreich

EDV? Extremer Dimensions-Verfall!

Die Kuriosität der Z22R ist die schlichte Dimension dieser Rechenmaschine. Das Ungetüm aus Elektroröhren, Trommelspeichern und viel, viel Metall ist etwa so groß wie ein gut ausgestattetes Wannenbad und kann weniger als heutzutage ein Taschenrechner. Ein ganz klein bisschen teurer war es obendrein: Wer sich dieses Technikmonster Ende der 1950er Jahre kaufen wollte, musste knapp 300.000 Mark auf den Tisch legen. Dafür half das Gerät aus dem Hause Zuse beispielsweise bei der Berechnung von Brückenbögen, optischen Feinheiten oder im Bergbau. Und man durfte sich bei insgesamt nur 56 verkauften Exemplaren zu einem ziemlich exklusiven Besitzerkreis zählen.

Der Computer-Dino im Hersfelder »wortreich« wurde 1960 an die Bergbau-Akademie in Clausthal-Zellerfeld geliefert. Genauso wichtig wie die Maschine selbst war ein Techniker, der sich beim Kunden um die komplizierten Geräte kümmerte. In diesem konkreten Fall Hubert Lehmann. Als seine Z22R nach knapp 30 Jahren bei der Harzer Hochschule nicht mehr gebraucht wurde, nahm er sie mit und stellte sie in seinem Bad Salzschlirfer Gartenhäuschen auf. Nach Lehmanns Tod zeigte sich die Witwe verkaufsbereit, das »wortreich« konnte sich das Technikdenkmal mit Hilfe einiger Sponsoren als Exponat sichern.

Eine weitere Z22 (ohne »R«, also mit weniger Speicherplatz) steht im Konrad-Zuse-Museum in Hünfeld. Dort wohnte der Computer-Pionier, in Bad Hersfeld produzierte er. Später wurde die Zuse KG kurzzeitig von Brown, Boveri & Cie. übernommen, bald darauf war Siemens der neue Besitzer. Mitte der 1970er Jahre gab es den letzten Computer made in Hersfeld, weil das Unternehmen seine EDV-Entwicklung auf den Standort München konzentrierte. Umso schöner, dass die Maschine im »wortreich« an diese Epoche waldhessischer Industriekultur erinnert, auch wenn aus heutiger Sicht Größe und Können in keinem Verhältnis mehr stehen.

Adresse Benno-Schilde-Platz 1, 36251 Bad Hersfeld | **ÖPNV** vom Bahnhof Bad Hersfeld etwa 15 Minuten Fußweg | **Anfahrt** A 4, Ausfahrt Bad Hersfeld, Beschilderung Stadtmitte folgen, über den Stadtring, Ausschilderung »Schilde-Gelände« folgen | **Öffnungszeiten** Mo–Fr 9–17 Uhr, Sa, So 11–18 Uhr | **Tipp** Das Konrad-Duden-Museum am Neumarkt erinnert an den Meister der deutschen Rechtschreibung, der 30 Jahre lang in Bad Hersfeld unterrichtet hat.

9 Der Kinderweg Solztal

So stolz sein

Es ist ja nicht immer ganz leicht, Kinder für einen Spaziergang durch die Natur zu begeistern. Der liebevoll angelegte Weg zwischen den Hersfelder Stadtteilen Sorga und Kathus erleichtert die Argumentation zugunsten einer kleinen Wanderung erheblich. Als Kind muss man sich schon in Solzi verlieben, den niedlich schielenden Wassertropfen, der Familien über den drei Kilometer langen Rundweg begleitet.

Hier kommt keine Langeweile auf, weil alle paar hundert Meter die nächste Abenteuerstation wartet. Aussichtstürme, Kletterparcours, holzgeschnitzte Tierskulpturen, eine steile Schlucht zum Kraxeln – und die abenteuerliche Furt durch die Solz. Festhalten am Seil, über die Steine balancieren und bloß keine nassen Füße holen! Dazwischen informieren Schautafeln über Waldbewohner, die heimische Vogelwelt, Insekten und Amphibien. Ohne erhobenen Zeigefinger werden die Kleinen hier zum Naturschutz erzogen, vielleicht ist deswegen alles so gut gelungen, weil Grundschulkinder selbst ihre Ideen bei der Gestaltung mit einbringen durften.

Und manchmal kommen sogar noch neue Attraktionen dazu: Direkt am Solztal-Radweg steht jetzt eine wunderschöne Holzlokomotive mit Waggon. Sie ist der freundlichen Dampflok aus der Augsburger Puppenkiste nachempfunden und trägt den passenden Namen »Emma zwo«. Der kleine Zug erinnert daran, dass genau hier früher die Hersfelder Kreisbahn vorbeistampfte. Heute verläuft auf der Trasse der Bahnradweg von Bad Hersfeld über Schenklengsfeld nach Philippsthal-Heimboldshausen. Mit seiner maximalen Steigung von zwei Prozent ist auch er absolut familientauglich und eine gute Möglichkeit, den Kinderweg zu erreichen.

Danach noch eine schnelle Stärkung im großen Biergarten am Hofgut Oberrode, und der Tag ist perfekt. Wer braucht da noch Phantasialand, Super RTL oder eine Playstation, wenn man in der osthessischen Natur so viel erleben kann?

Adresse Kinderweg Solztal, 36251 Bad Hersfeld-Sorga | ÖPNV Bus 330, Haltestelle Sorga Lindenallee, von dort etwa 15 Minuten Fußweg | Anfahrt A 4, Ausfahrt Bad Hersfeld, dort auf die B 62 Richtung Philippsthal, in Sorga in die Kathuser Straße, dort Beschilderung »Hofgut Oberrode« folgen | Tipp Familien mit Kindern fühlen sich auch im JahnPark mit vielen Spielstationen, überdachter Sandgrube und tollen Klettergeräten wohl.

10__Die Baulücke

Fünf-Sterne-Ödnis

Leere. Schon seit mehreren Jahren. Der Schotterplatz mitten im Herzen des Staatsbads ist möglicherweise die absurdeste Baulücke Unterfrankens. Fast zwei Jahrhunderte stand an dieser Stelle das königliche Kurhaushotel, zuletzt Steigenberger – das erste Haus am Platz. Vis-à-vis von Wandelhalle und Regentenbau stieg hier alles ab, was Rang und Namen hatte. Angebetete Frauen wie Sisi oder Marlene Dietrich, einflussreiche Männer von Franz Beckenbauer bis Richard von Weizsäcker.

Explizit schön war das Gebäude zuletzt nicht. Mitte der 1950er Jahre hatte die Steigenberger Gruppe das Haus in ziemlich baufälligem Zustand gepachtet und gemeinsam mit dem Freistaat Bayern modernisiert. Dem Geist der damaligen Zeit fiel die klassizistische Fassade zum Opfer, trotzdem versprühte der Beherbergungsbetrieb allein durch seine Lage jede Menge kurstädtische Noblesse.

2010 dann das Aus. Das bayerische Finanzministerium als Besitzer der Immobilie hätte millionenschwer investieren müssen, unter anderem in den Brandschutz. Der Pachtvertrag mit Steigenberger, der noch 15 Jahre gelaufen wäre, wurde gekündigt. Danach begann die unrühmliche und offensichtlich erfolglose Suche nach einem Investor für das Filetstück im bekanntesten Heilbad Deutschlands. 2013 schließlich entschied sich die Staatsregierung für den Abriss. Seitdem gehen die Kissinger mit einem ungläubigen Kopfschütteln an der Ödnis vorbei und warten, dass etwas passiert. Momentan konzentriert man sich auf den Plan, ein Vier-Sterne-Hotel mit einigen privat genutzten Wohnungen zu kombinieren. Die extrem großzügige Bewerbungsfrist lässt allerdings vermuten, dass die Investoren nicht gerade Schlange stehen. Zitat des Oberbürgermeisters: »Da muss was gehen, und da wird was gehen.« Der jetzige Bewerbungsdurchlauf sei »die letzte Patrone«, die man noch in der Trommel habe. Echter Optimismus klingt irgendwie anders.

Adresse Am Kurgarten 3, 97688 Bad Kissingen | **ÖPNV** vom Bahnhof Bad Kissingen etwa 15 Minuten Fußweg | **Anfahrt** A 7, Ausfahrt Bad Kissingen/Oberthulba, in der Stadtmitte über Martin-Luther-Straße, Parkhaus Kurtheater, kostenlose Parkplätze außerhalb der Innenstadt | **Tipp** An der Tourist-Information am Arkadenbau startet Kaiserin Sisis Lieblingsspaziergang, 3,3 Kilometer durch Luitpoldpark und Altenberg.

11 Die Drehbühne

Kur Royal!

Da können sich die Macher von Elbphilharmonie, Stuttgart 21 und Flughafen BER nur ungläubig die Augen reiben: Gerade mal acht Monate hat es gedauert, bis in Bad Kissingen die größte Trinkkurhalle der Welt fertig war. Und das vor über 100 Jahren! Ohne Zweifel gehört die Halle zu den prachtvollsten Gebäuden, die das bayerische Staatsbad zu bieten hat, aber die vielen Details lohnen ein genaueres Hinschauen.

Absolut faszinierend ist die Drehbühne, die bei schönem Wetter Richtung Kurgarten zeigt, bei Nässe oder Kälte in den Innenraum der Wandelhalle. Früher wurde von Hand gekurbelt, heute übernimmt das ein Motor. Auf dieser Bühne spielt überwiegend das Kissinger Kurorchester, das gleich zwei Rekorde für sich beanspruchen kann: Einerseits ist es das größte Orchester aller deutschen Kurorte (okay, nur 13 Leute, aber damit trotzdem das größte), andererseits das fleißigste. Mit 727 Auftritten in einem Jahr hat man es 2012 als meistmusizierendes Ensemble ins Guinnessbuch der Rekorde geschafft. Wenn gerade nicht aufgespielt wird, treten die Brunnenfrauen an ihren blank gewienerten Zapfhähnen unter dem faszinierenden Glasdach im Seitenflügel in Aktion. Sie reichen den Kurgästen die verschiedenen Wässerchen an, wovon die meisten, um es mal vorsichtig auszudrücken, sehr »gesund« schmecken. Aber solang's das Zipperlein lindert. Ebenso wohltuend und beachtenswert ist die Blumenpracht, die sich von der Empore in die verschiedenen Hallen herunterrankt, jedes Jahr frisch gesetzt zum Augenschmaus des verehrten Gastes.

Nicht ganz so elegant ging es zu Nachkriegszeiten in der Wandelhalle zu. Da nutzten die amerikanischen Besatzer das Gebäude, um hier Panzer und andere Fahrzeuge wieder in Schuss zu bringen. Außerdem soll Basketball gespielt worden sein, was aufgrund der Altehrwürdigkeit natürlich barbarisch ist. Bei der Größe, Höhe und Akustik aber halt auch sehr verlockend.

Adresse Am Kurgarten 1, 97688 Bad Kissingen | **ÖPNV** vom Bahnhof Bad Kissingen etwa 15 Minuten Fußweg | **Anfahrt** A 7, Ausfahrt Bad Kissingen / Oberthulba, in der Stadtmitte über Ludwigstraße, Parkhaus Kurtheater, kostenlose Parkplätze außerhalb der Innenstadt | **Öffnungszeiten** täglich 7 – 21 Uhr | **Tipp** Zwischen Bad Kissingen und Bad Bocklet oder Aschach verkehrt Deutschlands letzte Postkutschenlinie. Abfahrt gegenüber vom Hotel Wyndham Garden.

12 Der Marktplatz

Fabelhafte Fassadenvielfalt

Eklektizismus ist ein schöner Begriff. Denn er fasst in nur einem Wort die Vielstiligkeit eines Gesamtkunstwerks zusammen. Und wenn irgendetwas in der Rhön eklektisch ist, dann der Marktplatz von Bad Kissingen.

Da fällt zunächst das Alte Rathaus aus dem Jahr 1577 auf. Was machen da diese beiden Fratzen auf der Fassade? Der eine lacht, der andere greint. Man sagt, der traurige Mann sei ein Bordellbesitzer gewesen, der fröhliche sein Kunde. Was die jeweiligen Emotionen hervorruft, ist nicht überliefert. Renaissance-Humor wahrscheinlich. Auf der Rückseite des Gebäudes schaut ein Relief von Peter Heil dem Geschehen in der Fußgängerzone zu. Es soll Wachsamkeit symbolisieren, denn der Mann war Polizeidiener und der Sage nach auch noch Retter der Stadt, als er 1645 die angreifenden Schweden mittels Bienen vertrieb, die er mitsamt ihren Körben von der Stadtmauer auf die Belagerer werfen ließ.

Rund um dieses Rathaus durften sich die Architekten aller Epochen austoben. An der Nordseite des Platzes sehen wir Barock neben kleinen Bürgerhäusern und ein paar Lieblosigkeiten der Neuzeit. Noch wilder geht es auf der Südseite zu: Wuchtiger Jugendstil trifft auf verspielten Rokoko und einen Giebel am südwestlichen Eckhaus, der mit etwas Phantasie als gotisch durchgehen könnte.

Fränkisches Zierfachwerk und ein Erkerhäuschen begrenzen den bunten Platz schließlich nach Westen hin. In der dortigen Weinstube, Marktplatz 1, saßen schon viele illustre Gäste der Kurstadt. Unter ihnen der Maler Adolph von Menzel, der stets betonte, dass er sich nur als Begleiter seiner Schwester und nicht als Kurgast in der Stadt aufhielte. Deswegen ließ er sich auch von niemandem seine »Trinkkuren« verbieten, die vorwiegend aus Wein bestanden. Aber immerhin wurde der Mann fast 90. So schlecht können Kissinger Luft und fränkischer Wein, jeweils großzügig dosiert, also offensichtlich nicht sein.

Adresse 97688 Bad Kissingen | **ÖPNV** vom Bahnhof Bad Kissingen etwa 15 Minuten Fußweg | **Anfahrt** A 7, Ausfahrt Bad Kissingen/Oberthulba, dann Richtung Stadtmitte, der Marktplatz liegt in der Fußgängerzone, größerer Parkplatz am Tattersall | **Tipp** Dem wackeren Peter Heil hat man auf dem Eisenstädter Platz ein Denkmal gesetzt, sofort zu erkennen an den Bienenkörben.

13 Das Haus der Standesbeamten

Die trauen sich was!

Was muss ein Standesbeamter können außer gütig lächeln, salbungsvoll reden und sich im Regelfall zwei »Ja« anhören? Sehr, sehr viel mehr. Melderecht, Familienrecht, Staatsangehörigkeitsrecht und Adoptionsfragen machen den Job deutlich komplexer, als es auf den ersten Blick aussieht. Ein deutscher Mann heiratet im Überschwang in Las Vegas eine Peruanerin mit unehelicher Tochter, fährt mit ihr in die Flitterwochen nach Mexiko, entliebt sich genauso schnell wieder und lässt sich an Ort und Stelle für 400 Pesos scheiden. Solche Fälle sind das Salz in der Suppe eines Standesbeamten – und ohne regelmäßige Lehrgänge geht da gar nichts.

Fast 4.000 Seminarteilnehmer kommen pro Jahr an die »Akademie für Personenstandswesen«, wie sich die Aus- und Weiterbildungsstätte offiziell nennt. Kurz nach Ende des Zweiten Weltkriegs ist die Entscheidung für den Standort Bad Salzschlirf gefallen, seitdem wächst und wächst der Betrieb. Sieben Häuser im Ortskern gehören mittlerweile dazu, darunter das ehemalige Parkhotel und der Kaiserhof. 125 Gästezimmer, sechs Hörsäle, Aufenthaltsräume und Gastronomie machen das Anwesen zu einer eigenen kleinen Stadt. Insgesamt ein Segen für das Heilbad mit seinem schwächelnden Kurbetrieb, das den professionellen Eheschließern ein »unabgelenktes« Lernen ermöglicht, wie es der Studienleiter schmunzelnd formuliert.

Getragen wird die Akademie in Osthessen von einem Verein, den die Standesämter zur besseren Fortbildung 1920 in Kassel gegründet haben. Zwei weitere staatliche Institutionen gibt es noch in Bayern und Schleswig-Holstein, alle anderen Standesbeamten kommen hierher. Der überwiegende Teil des Lehrgangs für Kommunalbedienstete dreht sich um rechtliche Fragen, zeremonielle Finessen sind nur ein Nebenaspekt. Denn das huldvolle Abnicken des Jaworts ist nur der kleinste und unkomplizierteste Teil dieses Berufs.

Adresse Bahnhofstraße 10, 36364 Bad Salzschlirf | ÖPNV Bus 61, Haltestelle Kurpark | Anfahrt B 254, Abzweig in Wartenberg-Landenhausen, im Ort von der Hauptdurchgangsstraße Fuldaer / Schlitzer Straße in die Bahnhofstraße abbiegen | Tipp Ein Ausflug ins benachbarte Schlitz: Die Stadt ist eine mittelalterliche Perle, in der Weihnachtszeit verwandelt sich ein Stadtturm in die größte Kerze der Welt.

14 Das Hotel Badehof

Viel Geschichte und ein bisschen Ärger

Dieses Gebäude hat schon so manchen zum Staunen gebracht. Der Badehof versprüht mehr Großstadtflair, mehr Eleganz und viel mehr Jugendstil, als man dem verschlafenen Kurort zutrauen würde. Was von außen schon prächtig wirkt, wird im Inneren noch getoppt. Die holzvertäfelte Eingangshalle mit der majestätischen Freitreppe und dem reich verzierten Oberlicht lässt eher an Wien oder Budapest denken als an die osthessische Provinz, irgendwo im Niemandsland zwischen Rhön und Vogelsberg.

Trotz des Glamours: Der Kasten hat lange Zeit nur Ärger gemacht. Vor einigen Jahren brachte er sogar den Salzschlirfer Bürgermeister in arge Bedrängnis. Der sollte für die Gemeinde ausstehende Steuern und Abgaben vom Badehof eintreiben, ließ bei den Zahlungen aber den Schlendrian walten, weil das Hotel zum größten Teil seiner Familie gehörte. Mittlerweile ist der Herr nicht mehr Bürgermeister. Irgendwann kam dann ein Investor an, der mit einer üppigen Finanzspritze von chinesischen Unterstützern ein »Zentrum für Zukunftsmedizin« aufbauen wollte. Er wollte damit Manager, Politiker und natürlich reiche Chinesen erreichen, die in der Ferne diskret geheilt werden sollten. Offenbar schien sich der Plan bei der Zielgruppe aber nicht genügend herumgesprochen zu haben, jedenfalls scheiterte auch dieses Vorhaben. Mittlerweile hat die Gemeinde den Badehof an einen nordhessischen Hotelier verkauft, der schon einige Häuser in der Region betreibt und es mit Investitionen ernst zu meinen scheint.

Den größten Auftritt hatten Hotel und Kurpark übrigens 1943, als plötzlich Leute vom Film auftauchten und auch noch Heinz Rühmann dabei hatten. Teile seiner »Feuerzangenbowle« sind in den Gartenanlagen rund um das Gebäude entstanden. Schön, dass dieser geschichtsträchtige Ort jetzt wieder Spaß am Erholen bietet – und dass man dafür kein Manager, Politiker oder reicher Chinese sein muss.

Adresse Lindenstraße 2, 36364 Bad Salzschlirf | **ÖPNV** Bus 61, Haltestelle Kurpark | **Anfahrt** B 254, Abzweig in Wartenberg-Landenhausen, dann Hotelbeschilderung im Ort folgen | **Tipp** In der Riedstraße serviert das Café Hisserich phantastische Torten und merkt nicht, dass es eine Pilgerstätte für Fans des Original-80er-Ambientes ist.

15 Die Mariengrotte

Gottesmutter mit Weitblick

»Mariengrotte«. Dieses kleine Schild, als touristischer Hinweis meist braun unterlegt, gehört in vielen osthessischen und Rhöner Ortschaften einfach dazu. Es führt die Besucher oft zu einem höhlenartigen Schrein mit einer Darstellung der Muttergottes, häufig umringt von Dankbarkeitsgaben für die geleistete Arbeit der heiligen Maria.

Natürlich ist es ungehörig, im religiösen Bereich wettbewerblich zu denken, aber um es mal salopp zu formulieren: Gegen die Mariengrotte in Bad Salzschlirf können die meisten anderen einpacken. Die Größe der Anlage am Fuß des Strangelsberges überwältigt. Meterhoch schießen die Steinzinnen in die Höhe und umschließen ein nahezu menschengroßes Marienbildnis sowie den herausgeputzten Altarraum. Davor befindet sich eine Statue der heiligen Bernadette, einer Ordensschwester, die in Lourdes mehrere Marienerscheinungen hatte und die Stadt damit zum Wallfahrtsort machte. Stolz sind die Salzschlirfer heute auf ihre Sehenswürdigkeit, nicht zuletzt weil 1914/15 viele ihrer Ahnen an der Errichtung der heiligen Stätte mitgewirkt haben. In den Jahrzehnten danach folgten eine Flutlichtanlage, ein neuer Aufgang und schließlich jede Menge Stühle, die aus einer diskreten Aufbewahrungsnische für Gottesdienste unter freiem Himmel hervorgezaubert werden können. Denn was nutzt die imposanteste Grotte ohne die dazugehörende Infrastruktur?

Auch falls der passende Glaube für die Marienverehrung fehlt, ist das Ensemble einen Aufstieg wert. Denn der Blick über die Stadt dürfte zu den schönsten gehören, die der kleine Kurort zu bieten hat. Außerdem – man geht in Osthessen schließlich mit der Zeit – kommt die Pilgerstätte auch im weltlichen Bereich gut an. Die User des Internetportals Holidaycheck haben ihr 5,9 von sechs Punkten gegeben, nach acht Bewertungen liegt die Weiterempfehlungsrate für einen Grottenbesuch bei sagenhaften 100 Prozent.

Adresse Marienstraße, 36364 Bad Salzschlirf | **ÖPNV** Bus 61, Haltestelle Rathaus | **Anfahrt** B 254, Abzweig in Wartenberg-Landenhausen, Grotte ist im Ort ausgeschildert | **Tipp** Am Bahnhof Bad Salzschlirf steht ein sehenswerter Wasserturm aus dem Jahr 1908, der im Stil eines mittelalterlichen Wehrturms gebaut wurde.

16 Der Burgsee

Ein Erdfall als Glücksfall

Ein See in der Stadtmitte erhöht die Lebensqualität. Diese Behauptung kann wohl jeder bestätigen, der schon mal in Genf, Waren oder Bregenz war. Viel zu oft wird in der Liste von Orten mit attraktiven City-Gewässern allerdings Bad Salzungen vergessen.

Der Burgsee schwappt südlich des Zentrums fast bis in die Fußgängerzone und verleiht der Kurstadt am Nordostrand der Rhön einen ganz besonderen Reiz. Natürlich kann er es in puncto Größe nicht mit der Müritz oder dem Bodensee aufnehmen, aber gerade seine handliche Uferlänge von knapp 1,2 Kilometern macht eine Umrundung so attraktiv. Den schönsten Blick auf Altstadt, Haunschen Hof und die ehemalige Schnepfenburg hat man vom Südufer vor der Parkklinik. Am Ostrand des Sees durften sich nach der Wende ein paar Stadtvilla-Architekten austoben und die Filetgrundstücke mit Abendsonne in eine begehrte Wohnlage verwandeln.

Entstanden ist der Burgsee durch einen Erdfall. Dieses Phänomen hat in Thüringen in den letzten Jahren für manchen Schreck gesorgt, denn es kann in bestimmten Regionen passieren, dass der Boden plötzlich absackt. Wasserlösliche Substanzen wie Kalk oder Gips werden aus dem Erdreich gespült, die entstandenen Hohlräume brechen meist vorwarnungslos ein. Im benachbarten Tiefenort hatte ein Erdfall 2010 mehrere Häuser dauerhaft unbewohnbar gemacht. Glücklicherweise hat sich der Untergrund im Fall des Salzunger Burgsees schon in prähistorischer Zeit für einen Absacker entschieden, weswegen man im Lauf der Jahrhunderte die Stadt pittoresk um den Weiher herum arrangieren konnte. Gespeist wird der See von unterirdischen Quellen und Niederschlägen, sein tiefster Punkt liegt 25 Meter unter der Wasseroberfläche. Er befindet sich am felsigen Ufer vor der Schnepfenburg, welches mit seinen wärmespeichernden Steinen übrigens an kühleren Abenden der beste Ort am Burgsee ist, um die hereinbrechende Dämmerung mitzuerleben.

Adresse 36433 Bad Salzungen | **ÖPNV** vom Bahnhof Bad Salzungen etwa 10 Minuten Fußweg | **Anfahrt** B 62, B 285, B 19, Beschilderung Stadtmitte folgen, parken auf dem Nappenplatz in der Innenstadt oder an der Südseite des Sees | **Tipp** Am Gradierwerk wohnt ein Storch, der über die Storchencam der städtischen Internetseite in seinem Nest beobachtet werden kann.

17 Das Dreiländereck

Wo verbirxt sich's denn?

Es gibt nur 15 Punkte in Deutschland, an denen drei Bundesländer aufeinandertreffen. Fünf dieser Dreiländerecke befinden sich auch noch in Flüssen, sind also trockenen Fußes überhaupt nicht zu erreichen. Von daher könnte man mit Fug und Recht ein Brimborium veranstalten, wenn man so eine geografische Rarität in seiner Region hat. Macht die Rhön aber nicht.

Auf einer lichten Anhöhe zwischen Birx, Melperts und dem Schwarzen Moor treffen sich die Grenzen von Thüringen, Hessen und Bayern. Am einfachsten zu erreichen ist dieser unausgeschilderte Ort, wenn man sein Auto an der Straße von Seiferts nach Fladungen auf dem ersten Parkplatz nach dem Anstieg rechts abstellt, der Landstraße 100 Meter bergab folgt und dann rechts in einen Waldweg abbiegt. Nach etwa 500 Metern und einer langen Rechtskurve ist das Ziel erreicht. Aber erwarten Sie nicht zu viel. Mehr als ein windschiefes Schild mit den Namen der beteiligten Bundesländer gibt es nicht zu sehen.

Mit ein bisschen Phantasie kann man an dieser Stelle aber auch ohne touristische Infrastruktur Spaß haben. Stellen Sie sich auf ein Bein, am besten das rechte, und spreizen Sie das linke schräg nach hinten in Richtung Hessen weg. Strecken Sie nun gleichzeitig die Arme in einem Winkel von etwa 90 Grad aus, der rechte wird sich in Bayern, der linke in Thüringen befinden. Und jetzt kommt's: In dieser Pose könnte Ihr linkes Bein zum Tode verurteilt werden (die Todesstrafe steht tatsächlich noch in der hessischen Verfassung), Ihre rechte Hand CSU wählen (geht nur in Bayern), und Ihr linker Arm würde weniger Rente bekommen (Thüringen, Ostniveau, sorry …). Wichtig ist nur, dass Sie bei den seltsamen Verrenkungen niemand beobachtet. Aber das ist durch die strikte Geheimhaltung dieses Dreiländerecks kaum zu erwarten. Und falls doch jemand vorbeikommt, deklarieren Sie es als Yoga. Name der Figur: Föderalistischer Flamingo.

Adresse 98634 Birx | **ÖPNV** Bus 409, Haltestelle Birx | **Anfahrt** B 278, in Seiferts Richtung Fladungen, parken wie oben beschrieben, Fußweg etwa 10 Minuten | **Tipp** Auf jeden Fall bis zum Schwarzen Moor weiterwandern. Toller Bohlenweg durch phantastische Landschaft.

18 Die Holzbildhauerschule

Von Bäumen zu Künstlerträumen

Die Winter in der Rhön sind lang, früher waren sie wahrscheinlich auch langweilig. Getrieben von Beschäftigungsmangel und Geldnot fing die Landbevölkerung in alten Zeiten an zu schnitzen. Heiligenfiguren und Spielsachen waren ihre Spezialität – und schon vor mehr als 160 Jahren wurde damit begonnen, dieses Hobby in professionelle Bahnen zu lenken. So lange gibt es sie schon, die Ausbildungsstätte, die sich heute »Staatliche Berufsfachschule für Holzbildhauer« nennt.

In drei Jahrgängen werden rund 35 Schüler ausgebildet, Kunstwerke aus unterschiedlichen Werkstoffen herzustellen. Bevor es an die Umsetzung geht, wird für jedes Objekt ein Modell aus Gips oder Ton angefertigt, Zeichnen gehört zur Ausbildung und jede Menge Rechnerei, damit das Material für das Artefakt auch ausreicht. Die Schule ist kostenlos, allerdings müssen die Bewerber mit einer Mappe ihres bisherigen Œuvres und einer Aufnahmeprüfung unter Beweis stellen, dass sie was draufhaben.

Die Atmosphäre im holzvertäfelten Schulhaus am Ortsrand von Bischofsheim ist familiär. Wenige Lehrer und wenige Schüler – so kann jeder individuell in seinen Stärken gefördert werden. Der Lehrplan sorgt allerdings dafür, dass ein »Staatlich geprüfter Holzbildhauer« die Schule nach drei Jahren nicht nur als verträumter Künstler verlässt. Allgemeinbildende Fächer wie Deutsch, Sozialkunde und Ethik gehören ebenso zur Ausbildung wie die Organisation von Ausstellungen mit Marketing, Katalogen und allem, was dazugehört.

Und dennoch: Im Mittelpunkt steht das Schaffen »funktionsloser Objekte«. Denn sobald die Werke einen Sinn erfüllen, als Tisch verwendet werden können oder als Stuhl, spricht man nicht mehr von Kunst, sondern von Design. Natürlich sind die Grenzen hier oft fließend. Aber es ist einfach schön, zu wissen, dass es in Zeiten der permanenten Effizienzmaximierung auch solche Oasen der Kreativität noch gibt.

Adresse Kreuzbergstraße 12, 97653 Bischofsheim an der Rhön | **ÖPNV** Bus 8305, Haltestelle Löwenstraße, von dort kurzer Fußweg | **Anfahrt** B 279, Ausfahrt Bischofsheim-Mitte, dann Beschilderung Kreuzbergschule folgen | **Tipp** Ein Abstecher auf den Kreuzberg ist ein Muss. Phantastische Aussicht, großartiges Bier und dank der höchsten Haltestelle Frankens auch ein sicherer Rücktransport per ÖPNV.

19_Das Aktivmuseum

Buttern wie Muttern

In einem normalen Museum stehen die Ausstellungsstücke brav geordnet in Vitrinen, das wenigste davon darf angefasst werden, die Besucher schreiten unter leisem Tuscheln von Exponat zu Exponat. In Breitungen ist alles anders. Hier hat sich eine Handvoll Frauen zum Ziel gesetzt, den Menschen von heute das Leben früherer Generationen näherzubringen. Und dazu wird ausprobiert, anprobiert und gespielt.

Die rustikalen Räume im Schloss bilden die ideale Kulisse, um mit antiquarischen Gerätschaften Brot zu backen, zu buttern oder zu filzen. Wer einmal die Anstrengung miterlebt hat, Schafwolle mit Wasser, Seife und Reibung in Form zu bringen, baut ein ganz neues Verhältnis zu seiner Kleidung auf. Vielleicht ist so ja auch einer dieser schicken Wickelröcke entstanden, die es unseren Omas und Uromas leichter gemacht haben, Kinder zu tragen? Solche hängen hier rum, einfach mal anziehen. Oder lieber ein kleines Duell an einem der alten Holzspiele, mit denen sich die Kinder zwischen Rhön und Thüringer Wald lange Winterabende vertrieben haben? Hier ist alles erlaubt. Nur eine Sache wird im Aktivmuseum nicht gern gesehen: Stress.

Wer ins Schloss Breitungen kommt, sollte Zeit mitbringen. Denn die hatten die Menschen früher ja auch. Während das selbst gemachte Brot im Ofen langsam zu duften beginnt, zeigen die Museumsdamen gern das historische Klassenzimmer, den Kräutergarten oder die benachbarte Basilika. Bei schönem Wetter mutet das alles geradezu toskanisch an. Und weil diese Romantik den Einheimischen nicht verborgen geblieben ist, muss man sich das Gelände besonders an Sommerwochenenden oft mit Hochzeitsgesellschaften teilen. Da hat er schon ein wahres Kleinod geschaffen auf diesem Hügel über der Werra, der Henneberger Graf Poppo XII. Und mit seinem Namen sorgt er dafür, dass der Aufenthalt für Kinder gleich mit einem Lacher beginnt. Und okay, ja, ich habe darüber auch gekichert.

Adresse Schloss 3a, 98597 Breitungen/Werra | **ÖPNV** Bus 446, Haltestelle B 19 Schule | **Anfahrt** von der Ortsumgehung B 19 abfahren, im Ort Beschilderung »Schloss« folgen | **Öffnungszeiten** Mai–Okt. Mi, Fr 10–12 und 13–16 Uhr, 1. und 3. So im Monat 14–17 Uhr | **Tipp** Fahren Sie die 13 Kilometer nach Schmalkalden. Altstadt! Schloss! Nougatwelt von Viba! Der Ausflug ins Nebental der Werra lohnt sich.

20 Der Sachsenstein

Der Gipfel der Heuchelei

Der Pleß mit seinen 645 Metern Höhe und der waldreichen Umgebung gilt als nordöstlichster Vorposten der Rhön. Wer den Aussichtsturm erklimmt, wird mit einem Rundumblick über das grüne Herz Deutschlands belohnt, im Osten erhebt sich mächtig der Thüringer Wald, im Norden ist bei gutem Wetter die Wartburg zu erkennen.

Ohne Turmbesteigung gibt es den Sachsenstein zu sehen, ein Denkmal, das in zweierlei Hinsicht interessant ist. Einerseits ist es erstaunlich, dass es überhaupt noch existiert. Denn dummerweise hatte sich die NVA den Berg mitsamt dem darauf befindlichen Stein als Truppenübungsplatz ausgesucht. Deswegen wurde das störende Ding einfach abgebaut und in den Straßengraben geworfen. Mehr als 200 Jahre alt? Egal. Schon völlig überwuchert, fanden die Breitunger Heimatfreunde das Monument und stellten es in der Nähe des Jagdhauses Seeblick wieder auf. Auch dort wurde der Gedächtnisstein nicht gut behandelt und war deswegen ziemlich ramponiert, bevor der Rhönclub ihn renovierte und abermals auf Reisen schickte – an seinen ursprünglichen Standort auf den Pleß-Gipfel.

Andererseits ist die verschwurbelte Inschrift möglicherweise ein Akt grandioser Heuchelei. Tränenreich wird der Tod von Johannes Sachs beklagt, Jäger in Diensten des Herzogs Ernst Ludwig I. von Sachsen-Meiningen. Nun geht die Mär, dass die attraktive Ehefrau des Jägers arg in den Chef ihres Mannes verschossen war und deswegen leider aus dem Weg geräumt werden musste. Zeugen ihres Todes waren nur Johannes Sachs und der Herzog selbst. Dieser zeigte keinerlei Interesse daran, das mysteriöse Verbrechen aufzuklären, hatte aber möglicherweise ein umso größeres daran, auch Johannes dauerhaft zum Schweigen zu bringen. Was genau an jenem Junitag 1722 passiert ist, weiß niemand. Aber der übertrieben larmoyante Ton der Inschrift klingt schon sehr nach herzoglicher Gewissensreinwaschung.

Adresse Pleßstraße, 98597 Breitungen / Werra | **ÖPNV** Regionalbahn, Haltestelle Bahnhof Immelborn, von dort in einer etwa einstündigen Wanderung auf den Pleß | **Anfahrt** B 19, Ausfahrt Breitungen, im Ort Richtung Bahnhof, dort durch die kleine Unterführung unter den Gleisen, Auto in der Siedlung Knollbach abstellen | **Tipp** Die Breitunger Seen mit Campingplatz und Strandbad bieten nach einer Bergwanderung jede Menge Erfrischung.

21 Das Botenlauben-Grab

In Liebe vereint

Wenn die Hauptstraße in einem Dörflein mit gerade mal 170 Einwohnern »Minnesängerstraße« heißt, kann man wohl vermuten, dass es damit etwas Besonderes auf sich hat. Ein Hinweis auf den Grund der ungewöhnlichen Namensgebung findet sich in der kleinen Kirche des Ortes: das Grabmal Otto von Botenlaubens und seiner Gemahlin Beatrix von Courtenay.

Otto verstand sich auf den Minnegesang genauso wie aufs Kreuzrittertum, die zweite Leidenschaft brachte ihn kurz vor Beginn des 13. Jahrhunderts ins Heilige Land. Dort verliebte sich Beatrix in das stattliche Mannsbild – oder in seinen Stammbaum, immerhin war Ottos Cousine die heilige Hedwig von Schlesien und die heilige Elisabeth von Thüringen eine Nichte mütterlicherseits. Und zwei echte Heilige in der Familie steigern den Marktwert ja enorm.

Liebe muss aber auch im Spiel gewesen sein, denn in den wenigen überlieferten Songtexten von Otto sind auch Lieder dabei, die seiner Frau gewidmet waren (im Minnegesang eher unüblich). Außerdem ließ er als Münzherr Geldstücke prägen, die den Namen seiner Frau trugen (noch unüblicher). 1231 beschloss das Paar, sich vom weltlichen Leben zu verabschieden und ein Kloster zu gründen. Und zwar der Sage nach genau an der Stelle, wo Beatrix' Schleier landete, den ein Windstoß ihr beim Lustwandeln auf Burg Botenlauben entriss. Rein topografisch muss der Schleier ein paar Umwege geflogen sein, Endstation war aber wohl dort, wo heute der Ort Frauenroth liegt. Und der hat mit dem Hochgrab in der Apsis der ehemaligen Klosterkirche eine echte Sehenswürdigkeit vorzuweisen. Die Grabplastiken sind so fein gearbeitet, dass man ihr Alter von fast 800 Jahren kaum glauben mag. Aufgrund ihrer großen Bedeutung wurden sie in die »Haager Liste zum Schutz von Kulturgut gegen bewaffnete Konflikte« aufgenommen. Bleibt bloß zu hoffen, dass die bewaffneten Konflikte davon auch in Kenntnis gesetzt sind.

Adresse An der Klostermauer, 97705 Burkardroth-Frauenroth | **ÖPNV** Bus 8142, Haltestelle Abzweig Frauenroth, danach zu Fuß etwa 15 Minuten | **Anfahrt** B 286, Abzweig Burkardroth, in Burkardroth nach Frauenroth, dort direkt im Ort | **Öffnungszeiten** Sommer 8–20 Uhr, Winter 8–18 Uhr | **Tipp** Im nahe gelegenen Katzenbach zeigt Heinrich Muth in seiner Museumsscheune 1.500 antiquarische Exponate aus der Region. Kontaktdaten über www.burkardroth.de.

22 Die seltsamen Ortsnamen

Und so heißt das wirklich??

Wer in Osthessen und in der Rhön unterwegs ist, trifft früher oder später auf Orte mit komischen Namen. Fast keiner davon hat die Bedeutung, die wir heute auf Anhieb assoziieren würden. Machtlos zum Beispiel klingt wie eine Ansammlung jammerlappiger Jasager, stets bereit, sich ohne jegliche Gegenwehr zu unterwerfen. Damit allerdings tut man den etwa 200 Einwohnern des Ronshausener Ortsteils bös unrecht. Wurde ihr Flecken doch im Mittelalter zunächst »Mechtolves« genannt, was auf einen mächtigen Wolf schließen lässt, der im 14. Jahrhundert in Dorfnähe durch die Wälder strich. Nun diffundierte der Ortsname durch die sprachlichen Epochen der vergangenen Jahrhunderte und blieb unglücklicherweise genau dort stehen, wo er heute nach einem recht ohnmächtigen Adjektiv klingt.

Fraurombach ist keine Anrede, sondern zwischen Hünfeld und Schlitz. Der Ort liegt im Tale des Rombachs – und die Frau hat sich aus christlichen Gründen dazugesellt. Nämlich nach dem Bau einer Kapelle zu Ehren der Muttergottes, unserer lieben Frau. Und zur Unterscheidung des weiter talaufwärts gelegenen Michelsrombach. Vorsicht an dieser Stelle: Fraurombach ist nicht verwandt mit Klausmarbach. Das gehört zu Burghaun.

Wenigentaft wiederum hat nichts mit einem Mangel an Haarfestiger zu tun. Der Namensteil »Wenigen« kommt in Hessen und Thüringen häufiger vor und bedeutet nichts anderes als »das Kleinere von zweien«. Der Flussname Taft wiederum leitet sich entweder vom althochdeutschen Wort für Moos oder Nebel ab – oder von einem Begriff für ein recht temperamentarmes Gewässer in nordischen Sprachen. Als gesicherte Erkenntnis gilt: In Poppenhausen findet nicht mehr Geschlechtsverkehr statt als in anderen Orten, in Motten müssen sie ihre Kleidung nicht speziell vor tierischem Lochfraß schützen, in Brandlos gibt es nicht weniger Feuer als anderswo, und Strahlungen können Sie getrost ohne Geigerzähler besuchen.

Adresse 36419 Buttlar-Wenigentaft | **ÖPNV** Bus 125, Haltestelle Buttlar, von dort aus etwa 20 Minuten zu Fuß nach Wenigentaft | **Anfahrt** Abzweig von der B 84 Richtung Wenigentaft | **Tipp** Durchs Tal der Taft gelangt man zur Buchenmühle, früher ging die Grenze zur DDR direkt durchs Anwesen. Infotafeln erzählen ihre Geschichte.

23 _ Die Alleenstraße

Botanischer Zweireiher

Die Tinte unter den Verträgen der deutschen Wiedervereinigung war noch nicht trocken, als die ersten Aktivisten schon für die Rettung einer kostbaren DDR-Hinterlassenschaft trommelten. Sie wollten die Alleen bewahren, die im Osten wegen der geringeren Verkehrsdichte und dem nicht ganz so ausgeprägten Sicherheitsdenken oft noch in voller Pracht und Schönheit erhalten waren. Zu diesem Zweck wurde 1992 die »Arbeitsgemeinschaft Deutsche Alleenstraße« gegründet – mit einem besonderen Schmankerl in der Rhön: Sie ist eine der wenigen Regionen, in denen es sogar zwei Streckenalternativen gibt.

Im Abschnitt von Fulda über Gersfeld bis Fladungen ist der Allee-Charakter nicht besonders ausgeprägt und wirkt oft eher zufällig. Spektakulärer wird's in Thüringen: Dort hat der Fan der beidseitig baumbestandenen Chaussee die Wahl, von Kaltennordheim entweder ostwärts nach Meiningen zu fahren oder unter dem Blätterdach gen Norden, Richtung Dorndorf. Dieser Abschnitt, größtenteils auch als B 285 markiert, ist eine der sehenswertesten Alleen, die Deutschland in einer Mittelgebirgslandschaft zu bieten hat. Unbeschreiblich schön ist das Lichtspiel, wenn sich die Sonnenstrahlen an einem freundlichen Tag in den hohen Kronen der uralten Straßenbäume brechen.

Natürlich hat die Schönheit auch eine Kehrseite. Die Straße gilt im Bereich der Polizeiinspektion Bad Salzungen als schlimmste Todesstrecke. In den ersten 20 Jahren nach der Wende hat es im gesamten Verlauf der Bundesstraße 60 tödliche Unfälle gegeben, in engen Abständen erinnern Kreuze und Fotos an die Verunglückten. Jeder, der hier schon einen Angehörigen verloren hat, mag die Bäume verdammen. Aber mit einem Argument haben die Befürworter der Alleen recht: Schuld an jeder einzelnen Karambolage ist der Mensch mit seinem Übermut, seiner Eile oder seiner Ungeduld – Bäume sind keine Unfallverursacher.

Adresse B 285, 36466 Dermbach | **ÖPNV** Bus 109 oder 124, Haltestelle Bahnhof, Dermbach | **Anfahrt** auf der Fahrt über die B 285 nicht zu übersehen | **Tipp** Ein beeindruckendes Gebäude in der Ortsmitte von Dermbach ist der Sächsische Hof. Hier sollen schon Hemingway und Fürst von Metternich übernachtet haben.

24 Die Rhöner Eismanufaktur

Kalt-cremige Kreationen

20 Cent für einen Liter Milch. Wer soll davon leben? Das hat sich auch Holger Pfaff 2004 gedacht und den Gedanken um die Frage ergänzt, in welcher Form die Milch seiner Kühe mehr einbringen könnte. Und da kam er auf Eis. Die ersten Liter wurden noch im Nebenerwerb am Küchentisch produziert, aber die Marktlücke für ein regionales Eis aus frischen Zutaten mit einer Cremigkeit zum Dahinschmelzen war offenbar groß. Immer mehr Gastronomen haben das Bauernhofeis geordert, mittlerweile auch Supermärkte und viele, viele Privatpersonen, die bei Festivitäten nach einer erfrischenden Menü-Abrundung suchten.

Pro Stunde schafft die Pfaff'sche Maschine 80 bis 100 Liter Eis, demnächst soll eine weitere angeschafft werden. In der kleinen Fabrikationshalle stehen Frauen mit Haarnetzen und messen aufs Gramm genau die Zutaten ab. Alles, was geht, wird regional eingekauft, Holunder, Äpfel und Honig zum Beispiel aus der Rhön, Sahne und Eier aus Obermaßfeld bei Meiningen und die Milch aus dem benachbarten Unteralba. Denn die Nummer mit dem Eis erforderte so viel Zeit, dass die Familie vor ein paar Jahren aus der Milchviehhaltung ausgestiegen ist.

Mittlerweile hat der Junior, Georg Pfaff, den Betrieb übernommen – und dem graut es sortenmäßig vor rein gar nichts. Eis aus Gurke oder Löwenzahn für ein Hotel in Oberhof? Bitte schön. Apfelwein-Quitte für einen Abnehmer aus Südhessen? Na gern! Nicht ganz so abgefahren sind die Auftragsproduktionen für den Nougat-Spezialisten Viba aus Schmalkalden. Aber dafür umso lukrativer, denn über dessen Vertriebsnetz gelangt das köstliche Gefrorene aus dem Feldatal in die halbe Republik. Und da gehört es auch hin. Denn wer einmal die süße Sämigkeit aus der Rhöner Eismanufaktur auf der Zunge hatte, zeigt der Industrieware in Zukunft (Entschuldigung, ein Wortspiel muss in diesem Kontext sein) die »kalte« Schulter.

Adresse Rödestraße 3, 36466 Dermbach, Tel. 036964/83190 | **ÖPNV** Bus 109 oder 124, Haltestelle Bahnhof | **Anfahrt** von der B 285 in die Marktstraße, dann die erste links; ein Umzug ins Industriegebiet hinter Aldi und Edeka ist geplant, dann an der Straße nach Wiesenthal | **Öffnungszeiten** keine festen Öffnungszeiten, unter www.pfaff-dermbach.de steht, wann der Eiswagen wo steht | **Tipp** Wie das Leben in der Region früher ausgesehen hat, zeigt das Museum am Schlossberg. Regelmäßige Sonderausstellungen und viel Heimatgeschichte.

25 Der Ibengarten

Immergrüner Methusalem

Von Weitem ahnt man nicht, welcher Schatz sich am Hang über dem Dermbacher Ortsteil Glattbach verbirgt. Beim ersten Hinsehen ein Buchenwald, deutscher Mittelgebirgsstandard. Aber schon nach ein paar dutzend Höhenmetern mischen sich unter dem dichten Blätterdach auf einmal ausladende Nadelhölzer unter die Laubbäume, oft ein bisschen zottelig, aber mit ihren knorrigen Stämmen und verzweigten Wurzelwerken genauso überraschend wie beeindruckend. Im Ibengarten stehen die ältesten Eiben Deutschlands, mehr als 800 Jahre sollen die betagtesten Koniferen-Senioren auf dem hölzernen Buckel haben.

Nun ist das Zusammenleben in einer Wald-WG nicht immer komplikationslos. Die Buchen neigen dazu, hoch aufzuschießen und den Eiben das Sonnenlicht zu nehmen, deswegen muss der Mensch immer wieder eingreifen und den Hochwald rund um die Eibenpopulation zurechtstutzen. Schon zu DDR-Zeiten hat man damit begonnen und rechtzeitig den Lebensraum der akribisch gezählten 368 Alt-Eiben erhalten.

Übrigens eignet sich der Ibengarten auch ganz hervorragend für einen Ausflug mit der Familie. Kinder sind mit alten Bäumen vielleicht nicht so zu beeindrucken, die Geschichten vom Rhönpaulus schaffen das aber allemal. Dieser freundliche Schurke war vor rund einem Vierteljahrhundert in den Wäldern der Umgebung aktiv und gilt bis heute als Robin Hood der Rhön. Er beklaute ausschließlich Menschen, die eh schon genug hatten – und das auch nur zur Deckung des Eigenbedarfs. Und falls er versehentlich doch mal etwas mehr mitgehen ließ, verteilte er seine Beute an Bedürftige. Die Abenteuer des Rhönpaulus sind bei einem Rundgang durch den Eibenwald auf Schautafeln erklärt – und auch wenn das Wort »Schautafel« jede Menge museale Langeweile ausatmet, sind die Schilderungen hier außergewöhnlich anschaulich und originell. So spannend, dass man fast vergisst, dass der Weg ganz schön steil bergauf geht.

Adresse 36466 Dermbach-Glattbach | **ÖPNV** Bus 109, Haltestelle Glattbach | **Anfahrt** B 285 bis Abzweig Glattbach, über die Feldabrücke, Parkplatz oberhalb des Ortes | **Tipp** Das gesamte Feldatal lässt sich auf einem hervorragenden Radweg erkunden. Zwischen Weilar und Zella verläuft er auf der ehemaligen Bahntrasse, ein weiterer Ausbau ist geplant.

26 Der Supermarkt 2.0

Klare Kante

Wenn eine Kommune beschließt, dass am Ortsrand ein Supermarkt gebaut werden darf, passiert meist Folgendes: Irgendein Lebensmittelversorger klotzt seine Standardhütte hin, davor ein baumloser Parkplatz und ein überdimensioniertes Firmenschild, zack, fertig. Keine Spur von regionaler Individualität, sondern Einheitsdesign von Flensburg bis Passau.

Es sei denn, die Gemeinde entscheidet sich für tegut. Denn in der Firmenzentrale in Fulda ticken die Uhren ein bisschen anders. Auch wenn mittlerweile die Schweizer Migros das Handelsgeschäft übernommen hat, ist der Geist eines hessischen, familiengeführten Unternehmens noch allgegenwärtig. Thomas Gutberlet ist Geschäftsführer, sein Großvater Theodor Gutberlet – auf den der Firmenname zurückgeht – legte den Grundstein für einen Konzern, der mittlerweile fast 300 Filialen betreibt. 1947 ging es los, Theodor verkaufte gebrauchte Nägel und selbst genähte Hemden. Die Deutschen hatten nichts und brauchten alles.

Mittlerweile ist tegut in sechs Bundesländern aktiv und zeigt sich in puncto Supermarkt-Architektur besonders experimentierfreundlich. Kaum eine Filiale gleicht der anderen, nach der Pagodenlandschaft am Ortseingang von Petersberg und der Metallpyramide an der Maberzeller Straße in Fulda regiert bei den neuesten Eröffnungen die klare Linie – und der lokale Bezug. So wurde in Dipperz zugunsten des Sternenparks Rhön darauf geachtet, die Lichtverschmutzung so gering wie möglich zu halten. Die Lampen auf dem Gelände sind strikt nach unten ausgerichtet, die Leuchtkraft aller Elemente vor Ort um 50 Prozent gesenkt, und um 22 Uhr wird das gesamte Licht konsequent abgeschaltet. Natürlich macht tegut das alles auch, um Geld zu verdienen und seinen Marktanteil – bisher nur etwa ein Prozent bundesweit – auszubauen. Aber es ist schön, zu sehen, dass auf einem umkämpften Markt ein bisschen mehr Nahbarkeit auch zum Erfolg führen kann.

Adresse Gewerbepark 5, 36160 Dipperz | **ÖPNV** Bus 30 oder 32, Haltestelle Evangelische Kirche | **Anfahrt** Gewerbepark an der B 458 | **Tipp** Im Pfarrgarten von Dipperz steht ein spätgotischer Taufstein, der nach Expertenschätzung der älteste der gesamten Region sein dürfte.

27_Der Spiegelshof

Schaf-Leidenschaft

Viele denken in großstädtischem Übermut, dass man auf dem Land keine spannenden Menschen trifft. Wer sich mit der Rhön ein bisschen intensiver beschäftigt, stellt sofort fest, dass das zumindest für diesen Landstrich eine Fehleinschätzung ist. Gerade eine Region mit rauem Klima und kargen Bodenerträgen braucht Pioniergeist. Und Menschen wie Julia Djabalameli.

Sie stammt aus einer deutsch-iranischen Ärztefamilie in Gersfeld, faszinierender als die Medizin war für sie aber schon früh die Agrarwirtschaft. Nach ihrem Studium und der Diplomarbeit über das Rhönschaf kehrte sie im Jahr 2000 in die Heimat zurück. Hier arbeitete sie zunächst in verschiedenen Naturschutzprojekten, irgendwann aber liefen die Fördergelder aus. Was nun? Auf eigene Beine stellen! Zuerst einen Hof kaufen, dann eine Schafherde. Aus zehn Tieren wurden 90, aus dem alten Spiegelshof in Melperts ein lebendiger Ort für allerlei Begegnungen.

Einerseits lebt Julia von den Gästen, die am Hof in modernen Zimmern oder im Heulager wohnen. Andererseits natürlich auch von ihren Schafen, die größtenteils in landschaftspflegerischer Mission unterwegs sind. Ja, und manchmal muss eins von den niedlichen Wollknäulen halt auch zur Schlachtung verkauft werden. Frisches Fleisch, Wurst und allerlei Biosäfte können direkt am Spiegelshof gekauft werden. Und wer mehr über dieses schöne Fleckchen Erde erfahren möchte, über das Zusammenspiel von Mensch und Tier zum Erhalt dieser Kulturlandschaft, kann die Agraringenieurin auch für Wanderungen buchen. Dabei geht es entweder zum aktuellen Standort der Schafherde, zu ihren Ziegen oder zu sonstigen Sehenswürdigkeiten der Umgebung. Julia zuzuhören ist gleichermaßen amüsant wie lehrreich, ein ehrlicher Blick auf Rhön und Rhöner. Und wer anschließend in seine Großstadt zurückfährt, hat die Überheblichkeit möglicherweise gegen ein klein wenig Neid eingetauscht.

Adresse Waldstraße 25, 36115 Ehrenberg-Melperts, Tel. 06683/917859 | **ÖPNV** Bus 30, Haltestelle Melperts Kreuzbergstraße | **Anfahrt** B 278 Abzweig Melperts, durch den Ort, letztes Haus links in der Waldstraße | **Öffnungszeiten** nach Vereinbarung | **Tipp** Kolossal leckere Lammgerichte zaubert Schäfer Weckbach auf seinem Hof oberhalb von Wüstensachsen. Informationen unter www.rhoenschaefer-weckbach.de.

28 Krenzers Rhön

Sherry und Schlemmereien

Jürgen Krenzer ist einer dieser Menschen, deren Tage 48 Stunden zu haben scheinen. Dabei wirkt er keineswegs ungemütlich oder gehetzt, er hat einfach nur Ideen und Tatendrang für drei. Aus einem Gasthaus in mittelmäßiger Hauptstraßenlage in Ehrenberg-Seiferts hat er sein kleines Reich geschaffen: Rhönschaf-Hotel, Schau-Kelterei, Tagungsbereiche, ein kleines Theater und die Schäferwagen-Sauna werden unter dem Namen »Krenzers Rhön« subsumiert und geben jedem Gast schnell das Gefühl, irgendwie auch Freund zu sein.

Am liebsten redet der kreative Gastronom aus dem Ulstertal über seinen Sherry. Säurebetonte Apfelsorten werden gepresst, mit Zuckerstoffen angereichert und schließlich mit spezieller Sherry-Hefe versetzt. Diese tut in alten Holzfässern mindestens drei Jahre ihren Dienst, frisst den Zucker auf und hinterlässt einen Alkoholgehalt von 14 bis 15 Prozent. Auf der Suche nach geeigneten Fässern in Schottland ist Krenzer übrigens auch so was wie ein Hoflieferant des britischen Königshauses geworden. Auf Ballindalloch Castle residiert eine Lady, die als Lord Lieutenant eine Art Statthalterin der Queen für die Grafschaft Banffshire darstellt. Eigentlich wollte Krenzer mit einem befreundeten Hobbyfilmer nur nach einer Drehgenehmigung im Schloss fragen, erkannte aber schnell die Gunst der Stunde und drückte irgendeiner Adligen ein Fläschchen Rhön-Sherry in die Hand. Seitdem gehen in der kleinen Kelterei regelmäßig Bestellungen der Familie von und zu ein, denn immer nur Whiskey ist halt irgendwann auch fad.

Ein Tipp noch zum Schluss: Planen Sie bei einem abendlichen Besuch von »Krenzers Rhön« eine Übernachtung mit ein. Mit den Öffentlichen gibt es nach 19 Uhr so gut wie kein Entkommen, das Frühstück ist ganz hervorragend – und Sie werden mit ziemlicher Sicherheit mehr Appel-Alkoholika trinken, als Sie zu Beginn des Abends eigentlich vorgehabt hatten.

Adresse Eisenacher Straße 24, 36115 Ehrenberg, Tel. 06638/96340 | ÖPNV Bus 30, Haltestelle Ulsterstraße | Anfahrt direkt an der B 278 in der Ortsdurchfahrt Seiferts | Tipp Eine herrliche Tageswanderung führt von Seiferts zum Ellenbogen, dem höchsten Berg der thüringischen Rhön. Los geht's am Parkplatz Birxgraben.

29 Die goldenen Ananas

Fürstäbtliche Prahlerei

Wenn es im Sport um die »Goldene Ananas« geht, heißt das in Reportersprache so viel wie: Was hier passiert, ist richtig egal. Zwei Mannschaften kämpfen gegeneinander, die zu schlecht sind, als dass sie um die Meisterschaft spielen könnten, aber auch zu gut, um abzusteigen. Das Ergebnis hat keinerlei Relevanz, erstaunlich, dass überhaupt Zuschauer gekommen sind. Gähn-geeignetes Mittelmaß.

Wenn Amand von Buseck das gewusst hätte! Der Fürstabt von Fulda, später sogar Fürstbischof, war ein begeisterter Gärtner und brachte es im 18. Jahrhundert fertig, im rauen Klima Osthessens Südfrüchte zu züchten. Sein ganzer Stolz: die Ananas. Nun war Amand von Buseck nicht nur geistlicher und weltlicher Herrscher in Personalunion, sondern auch Auftraggeber des Schlosses Fasanerie in Eichenzell. Und wenn man schon die Gelegenheit hat, so einen Kasten ganz nach seinen Vorstellungen errichten zu lassen, kann man seinen eigenen Fähigkeiten ganz wunderbar ein Denkmal setzen. Deswegen zieren – Adler oder Putten hat ja jeder zweite Schlossherr – das Dach der Fasanerie sechs güldene Ananas.

Mittlerweile glänzen die meisten auch wieder so, wie sich das Herr von Buseck seinerzeit vorgestellt hatte. Jahrzehntelang war das Kupfer von einer Grünspanschicht überzogen, die diese Kuriosität fast aus dem Blickfeld des Besuchers geraten ließ. Aber im Rahmen der fortschreitenden Renovierung des gesamten Schlosses wurden die Tropenfrüchte wieder auf Hochglanz gebracht.

Und wer beim traditionellen fürstlichen Gartenfest das Schloss Fasanerie mit einer goldenen Ananas verlässt, der trägt die Trophäe mit Stolz nach Hause. Denn in diesem Fall gibt es das gute Stück nicht für sportliche Irrelevanz, sondern als Preis für die besten Ideen beim Gartenbau. Und da können wir uns sicher sein, dieser Wettbewerb wäre genau nach Amand von Busecks Geschmack gewesen. Und er hätte ihn natürlich gewonnen.

Adresse Schloss Fasanerie, 36124 Eichenzell | **ÖPNV** Bus 43, Haltestelle Schloss Fasanerie | **Anfahrt** A 66/B 27 Abfahrt Eichenzell, im Ort überall ausgeschildert | **Öffnungszeiten** Ende März–Anfang Okt., Besichtigungen im Rahmen einer Führung Di–So 10–17 Uhr | **Tipp** Die Männertanzgarde »Eichezeller Schreckschruwe« ist schon mehrfach deutscher Meister geworden. Wenn ein Auftritt ansteht, nicht verpassen!

30_Das Kartoffeldämpferdorf

Hauptrolle für die tolle Knolle

Winfried Witzel hatte einen Traum. Und zwar einen, der in den landläufigen Träumereien wohl eher selten ist. Er wollte unbedingt eine Kartoffeldämpfmaschine. Diese Dinger sind riesengroß, alt und selten. Auf einem Hof bei Poppenhausen wurden Winfried und seine Freunde schließlich fündig. Der bisherige Besitzer tat zwar so, als habe er jede Menge Interessenten, gab sich mit 100 Euro aber schließlich zufrieden. Nun begann die eigentliche Arbeit. Witzel und seine Mannen zerlegten das Gerät in alle Einzelteile und bauten es in viermonatiger Fummelei wieder zusammen.

Im Prinzip funktioniert das blecherne Ungetüm mit seinem achteinhalb Meter hohen Schornstein wie ein überdimensionierter Dampfdrucktopf. Ein Feuerchen sorgt dafür, dass sich die 400 Liter Wasser im Hauptbehälter in Dampf verwandeln. Dieser wird über Röhren in zwei weitere Kessel geleitet, in denen je 350 Kilo ungeschälte Kartoffeln warten. Nach knapp 40 Minuten sind die Erdäpfel weich und schmecken wesentlich intensiver als ihre Artgenossen aus dem Wasserbad.

Ursprünglich wurden diese Maschinen für die Landwirtschaft gebaut. Einerseits sind vorgedämpfte Kartoffeln besser haltbar, andererseits sind sie so für Tiermägen verträglicher. Tiere sind allerdings nicht die Klientel der Kerzeller Kartoffeldämpfkolonne, eher hungrige Menschen. Nach der Anschaffung und Wiederaufbereitung gab der dampfende Star des Dorfes zur 850-Jahr-Feier im Juni 2015 seine Premiere. Weil alle so viel Spaß daran hatten, gründete man kurz darauf einen Verein und bietet seither den Dienst der Großmengenkartoffelschnellgarung auch bei Festivitäten in der Umgebung an. Wer möchte, kann Männer samt Maschine für 350 Euro buchen. Weil der Transport per Traktor erfolgt, dürfen die Distanzen nur nicht zu groß sein. Neben Unmengen verzehrfertiger Kartoffeln ist dann jede Menge Spaß mit den Kerzeller Traumverwirklichern garantiert.

Adresse Fatimastraße 15, 36124 Eichenzell-Kerzell, Tel. 06659/3737 | **ÖPNV** Bus 41, Haltestelle Eichenzell-Kerzell Ortsmitte | **Anfahrt** B 27 Ausfahrt Eichenzell, Beschilderung Kerzell, kurz vor Ortsende links in die Fatimastraße | **Tipp** Auf ihrem wunderschönen Hof bieten die Witzels auch eine gemütliche Ferienwohnung an. Falls Sie mal direkt neben der Dämpfmaschine schlafen wollen.

31 Die Dinospuren

Viel Gezacker um den Acker

Wie Sie sehen, sehen Sie nichts. Und dieser Zustand ist eine paläontologische Tragödie. Denn unter diesem unscheinbaren Acker zwischen Eiterfeld und Körnbach verbirgt sich ein Jahrmillionen alter Schatz: Saurierspuren. Fast 1.100 Eindrücke auf einer Steinplatte lassen sogar die Laufrichtung der prähistorischen Lebewesen erkennen, einen derart geschlossenen Fährtenzug findet man in Europa wohl kein zweites Mal.

Chirotherien müssen hier gewohnt haben, Handtiere heißt das übersetzt, weil die Saurier auf allen vieren liefen und ihre Fußabdrücke die Form einer menschlichen Hand haben. Mit einer Hüfthöhe von bis zu 80 Zentimetern hatten sie etwa die Größe einer Kuh, dazu einen langen Schwanz und kein besonders freundliches Gesicht. Zum ersten Mal gefunden wurden die Spuren 1963 bei Kartierungsarbeiten in einem Steinbruch. Obwohl die Entdeckung schon damals kurzzeitig Aufsehen erregte, wurde der Fundort in den Jahren darauf mit Bauschutt aufgefüllt und später zu einem ganz normalen Feld. Aber die »Interessengemeinschaft Saurierspuren Eiterfeld« blieb am Ball und erreichte, dass 2004 eine kleine Fläche ausgebaggert wurde. Und welch ein Glück: Etwa drei bis vier Meter unter der Erde konnte die Abdruckplatte nahezu unversehrt wiedergefunden werden.

Nun stünde einer großflächigen Ausgrabung eigentlich nichts im Wege. Wunderbar vermarkten könnte man die Dino-Grube, ein Architekturbüro hat in aller Euphorie sogar schon kostenlose Pläne für ein Besucherzentrum beigesteuert. Allein der Landwirt, dem das Feld mittlerweile gehört, will nicht mitspielen. Weder ein Verkauf noch ein Flächentausch kommen für ihn bisher in Frage. Und so schlummert Eiterfelds möglicherweise größte Sehenswürdigkeit weiterhin knapp unter der Erdoberfläche. Aber vielleicht wird der Traum einer Freilegung irgendwann doch noch wahr – bei einem Alter von 240 Millionen sind ein paar Jahre schließlich gar nichts …

Adresse Landstraße L 3380 zwischen 36132 Eiterfeld und Körnbach | **ÖPNV** Bus 70 und 360, Haltestelle Arzell Ortsmitte, zu Fuß übers Feld | **Anfahrt** B 84, Abzweig Eiterfeld hinter Hünfeld, im Ort auf die L 3380 Richtung Körnbach, nach dem Sägewerk Hartmann linker Hand am kleinen Parkplatz an der Landesstraße | **Tipp** Das Aromamuseum im Ortsteil Buchenau führt in die Welt von Bränden und Aromaölen ein. Ein paar Häuser weiter steht ein sehenswertes Renaissance-Schloss.

32 Die Eusebius-Breitung-Tafel

Unterwegs im Auftrag des Herrn

Das Christentum in Japan hat einen schweren Stand. Einerseits war es bis 1873 verboten, sich zu einer christlichen Religion zu bekennen, andererseits ist der Glaube an einen einzigen, allmächtigen Gott für die allermeisten Japaner ein völlig absurder Gedanke. Nicht mal zwei Prozent der Menschen im Land der aufgehenden Sonne sind katholisch oder evangelisch.

Dass sie die Bibel in ihrer Muttersprache lesen können, verdanken sie Eusebius Breitung aus Eiterfeld-Großentaft. Eusebius hieß eigentlich Hermann Josef und brachte Ende des 19. Jahrhunderts mehr Wissensdurst mit, als in seiner armen, bäuerlich geprägten Heimat gestillt werden konnte. Deswegen schickten ihn die Eltern nach der Volksschule zu seinem Patenonkel, der Pater in einem niederländischen Franziskanerkolleg war. Kurz nach der Jahrhundertwende bestand Hermann Josef das Abitur, trat bei den Franziskanern ein und nannte sich fortan Eusebius. 1910 wurde Breitung in Fulda zum Priester geweiht. Zwei Jahre später begann seine ganz große Reise: als Missionar ins Kaiserreich Japan!

Zunächst verschlug es ihn für 16 Jahre auf die Nordinsel Hokkaido. Danach ging es in die Zentrale der Franziskaner nach Sapporo, bevor man ihm 1935 fern seiner Heimat die Leitung eines katholischen Verlags übertrug. Und hier legte Eusebius erst so richtig los. Er schuf das erste deutsch-japanische Wörterbuch, mit 25.000 Begriffen und fast 1.000 Seiten ein echter Wälzer. Dieses nutzte er, um in zehnjähriger Fleißarbeit erstmals das Alte Testament ins Japanische zu übersetzen. Auch in Deutschland blieb diese Mammutaufgabe nicht unbemerkt: 1966 wurde der Kirchenmann mit dem Bundesverdienstkreuz ausgezeichnet. Gestorben ist Eusebius Breitung drei Jahre später in Sapporo. In seinem Heimatdorf erinnern eine Gedenktafel und ein Plätzchen, das seinen Namen trägt, an ihn.

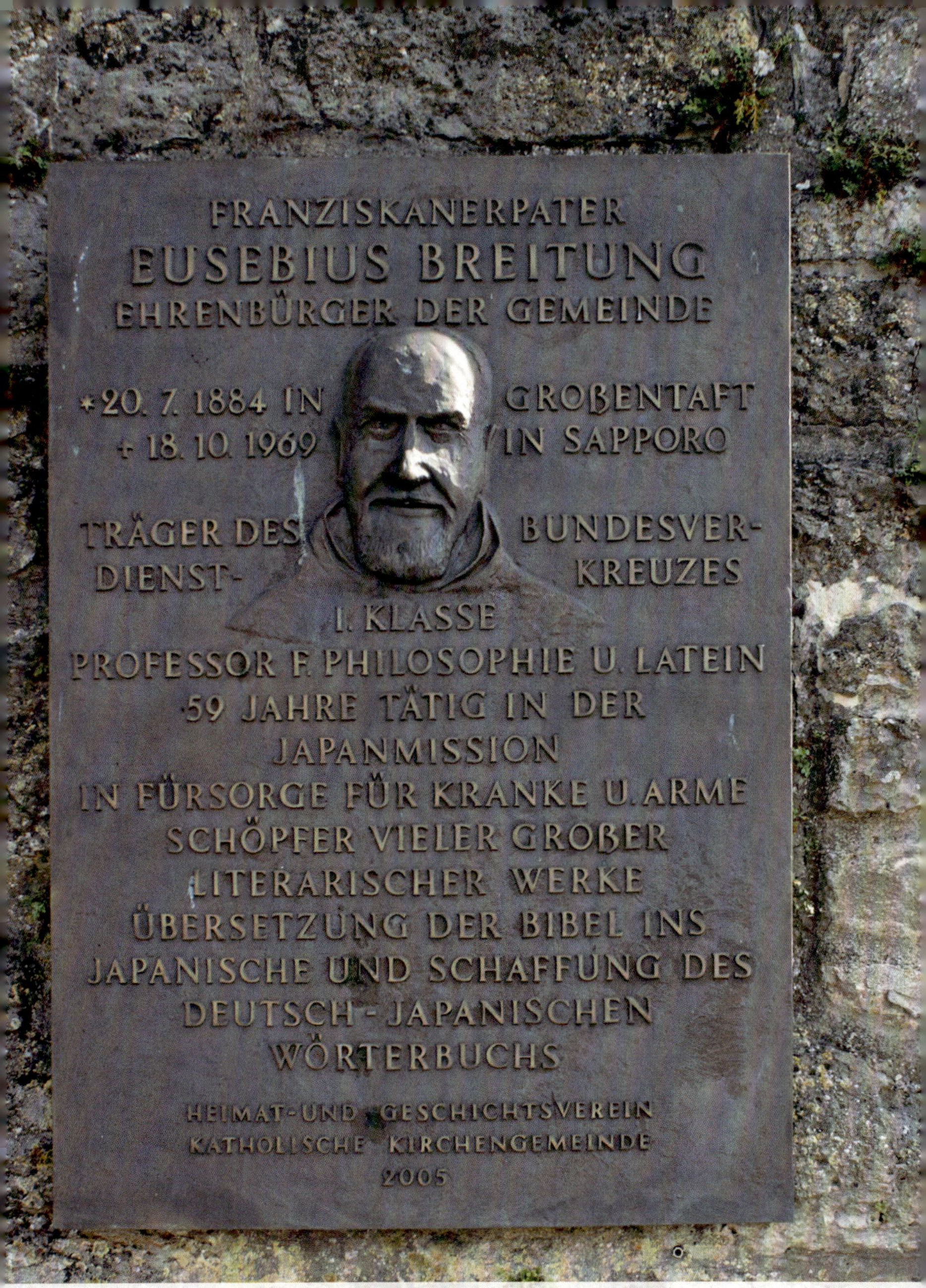

Adresse Eusebius-Breitung-Platz, 36132 Eiterfeld-Großentaft | **ÖPNV** Bus 70, Haltestelle Großentaft Ortsmitte | **Anfahrt** B 84, Abzweig Großentaft, Plätzchen an der Hauptstraße vor der Kirche im Ort | **Tipp** Ein paar Kilometer nördlich liegt der Soisberg, mit 630 Metern die höchste Erhebung der Kuppenrhön. Von seinem Turm gibt's die schönste Aussicht aufs Hessische Kegelspiel.

33 Der Heimatblick

Aussicht mit gemischten Gefühlen

Was für ein Panorama! Weit reicht der Blick nach Norden vom Ellenbogen über den Umpfen bis zur Hohen Geba, dahinter zeichnet sich an klaren Tagen die Silhouette des Thüringer Waldes ab. Heute ist der 750 Meter hoch gelegene Aussichtspunkt ein beliebter Rastplatz fleißiger Wanderer, früher war er ein Ort der Wehmut. Denn die Heimat, auf die man hier blickt, galt als verloren.

Als der Eiserne Vorhang noch durchlässig war, haben sich viele Menschen aus Thüringen zur Flucht entschieden. Etliche davon wollten ihrer Heimat nah bleiben und siedelten sich im Westteil der Rhön an. Spätestens zu Beginn der 1960er Jahre war aber klar: Die DDR schottet sich immer mehr ab, eine Rückkehr oder auch nur ein Besuch bei Verwandten und ehemaligen Freunden war unmöglich. Um wenigstens einen Blick auf das verlorene Zuhause werfen zu können, richtete der »Heimatkreis Thüringische Rhön« auf dem Falkenberg bei Fladungen diese Aussichtsstelle ein.

Der Platz wurde aber auch für politische Kundgebungen genutzt, jährlich am 17. Juni, der schon »Tag der Deutschen Einheit« hieß, als die Wiedervereinigung noch unerreichbar schien. An verschiedenen Standorten, die aus dem Osten gut zu sehen waren, wurden damals Mahnfeuer entzündet, um den Thüringern zu signalisieren, dass man sie nicht vergessen hatte. Diese geschichtlichen Irrungen sind heute Gott sei Dank vorbei, und die Wanderungen enden nicht mehr an einem unüberwindbaren Zaun.

Wer auf geografische Superlative steht, macht von hier einen Abstecher zum nördlichsten Punkt Bayerns. Der ist vom Heimatblick im gegenüber aufsteigenden Wald zwar auszumachen, zu erreichen aber am einfachsten über den Goethe-Weg ab Melpers. Nicht dass es an der Stelle etwas Besonderes zu sehen gäbe, aber allein die Vorstellung, dass man nördlicher ist als Koblenz oder fast auf der Breite Brüssels – und immer noch in Bayern! –, ist doch einigermaßen kurios.

Adresse oberhalb von 97650 Fladungen-Leubach | **ÖPNV** Bus 409, Haltestelle Schule, danach etwa 40-minütige Wanderung zum Aussichtspunkt Heimatblick | **Anfahrt** B 285, von Oberfladungen aus zu erwandern, ist ausgeschildert | **Tipp** Das Fränkische Freilandmuseum zeigt in Fladungen das Dorfleben von früher. Am Bahnhof startet außerdem das dampfende Rhön-Zügle nach Mellrichstadt.

34 Das Königreich Flieden

Einfach erfunden

Wie kommt eigentlich die Krone in das Wappen von Flieden? Und warum nennt sich die Gemeinde Königreich? Schließlich hatte hier nie ein Monarch seinen Sitz, kein royaler Celebrity ward hier geboren oder hauchte vor Ort seinen letzten Atem aus. Nun, es gibt jede Menge Geschichten, die den Beinamen erklären, die zwei gängigsten gehen so: Anfang des 19. Jahrhunderts wurden Freiwillige gesucht, um die verschiedenen Kleinstaaten auf deutschem Boden aus Napoleons Würgegriff zu befreien. Ein junger Herr namens Klug aus Flieden nahm daran teil und erlebte, wie ein ranghoher Militär die neuen Soldaten bei einem Appell aufforderte vorzutreten, um Name und Herkunft zu nennen. Nun schmetterten alle stolz die Königreiche, in denen sie beheimatet waren, Westfalen, Sachsen, Preußen, nur der junge Herr Klug war sich seiner territorialen Zugehörigkeit nicht ganz sicher und soll gesagt haben: »Johann Adam Klug, Königreich Flieden.«

Version zwei: Mit dem Bau der Eisenbahn 1867 setzte das Pendlerwesen ein. Viele Arbeiter fanden einen Job in Frankfurt. Man sagt, Handwerker aus der Landrücken-Gemeinde hätten die halbe Mainmetropole aufgebaut. Nun wollten die fleißigen Fliedener am Wochenende alle nach Hause und verlangten beim Fahrkartenverkäufer ein Ticket nach dem anderen in ihren Heimatort. Überwältigt von der Menge soll der Schalterbeamte ausgerufen haben: »Flieden muss ja ein ganzes Königreich sein!«

Welche Sage dem »Königreich« tatsächlich zugrunde liegt, weiß niemand ganz genau. Fakt ist: Der hessische Innenminister erlaubte der Gemeinde 1969, eine Krone im Wappen zu tragen, ein gutmütig grinsender Buntsandstein-Regent schielt vom Paddelteich Richtung Rathaus – und im Gemeinderat sitzt eine Fraktion, die sich ernsthaft »Freunde des Königreichs« nennt. Ursprung ungeklärt, aber in der Vermarktung ihres Alleinstellungsmerkmals sind die Fliedener richtig gut.

Adresse Bornweg, 36103 Flieden | **ÖPNV** Regionalexpress bis Flieden | **Anfahrt** A 66, Ausfahrt Flieden, im Ort Ausschilderung Rathaus folgen, die Statue steht am Dorfteich, Parkplätze beim Minigolfplatz | **Tipp** Direkt neben der Königsstatue wartet ein moderner Kunstrasen-Minigolfplatz auf kleine und große Einlocher.

35 Das höchste Rhöndorf

Wer friert, verliert

Mit ihrem rauen Klima war die Rhön landwirtschaftlich schon immer ein schwieriges Terrain. In den Tälern funktioniert noch ein bescheidener Getreideanbau, auf den Bergen ist außer Milchviehhaltung nicht viel zu machen. Je weiter oben, desto eingeschränkter die Möglichkeiten. Kein Wunder, dass sich die hartgesottenen Bewohner des höchstgelegenen Dorfes früher auf andere Fertigkeiten konzentrierten. Bürsten und Peitschen wurden in Frankenheim hergestellt, gewebt und gefroren auf fast 800 Metern Höhe.

Den ersten touristischen Lichtblick gab es zu Beginn des 20. Jahrhunderts. Denn hier oben hatte man etwas, das in immer mehr Städten zur Mangelware wurde: frische Luft. Bald schmückte sich Frankenheim mit der Bezeichnung »Höhenluftkurort« und baute 1914/15 östlich des Dorfes ein wuchtiges Erholungsheim. Zu Ehren der Großherzogin von Sachsen-Weimar wurde die Durchatme-Anstalt »Sophienhöhe« genannt. Schön und schwerfällig sieht sie auf alten Postkarten aus mit ihren Holzbalkons und den fünf Stockwerken, unten steinern, oben Fachwerk. Leider hatten die DDR-Verantwortlichen keinen Blick für so was, das Gebäude stand fast genau auf der deutsch-deutschen Grenze und wurde 1967 deswegen zerstört.

Bis zur Wende war im thüringischen Teil der Hohen Rhön an Tourismus nicht zu denken. Ein guter Kilometer bis zur hessischen Grenze, 700 Meter nach Bayern – Frankenheim war so was von Sperrgebiet, dass die Bewohner schon froh sein durften, in ihrem Dorf bleiben zu können. Nach und nach knüpft der Ort jetzt wieder an seine Vorkriegstradition an, die gute Luft mit Feriengästen zu teilen. Dazu ist ein Barfußpfad mit spektakulär schöner Aussicht entstanden, ein spannender Grenzwanderweg und bei Schnee die Rhöner Gaudirutsche, wo Mutige mit einer Art überdimensioniertem Reifen talwärts donnern. Entdecken Sie das höchste Dorf der Rhön, bevor es kein Geheimtipp mehr ist!

Adresse Barfußpfad am Angerweg, 98634 Frankenheim/Rhön | ÖPNV Bus 409, Haltestelle Schule | Anfahrt aus Westen: B 278, Abzweig in Seiferts, aus Osten: B 285 und in Fladungen ab, von der Ortsmitte dann über die Leubacher Straße | Tipp Auf dem Wanderweg Richtung »Heimatblick Fladungen« sind noch Reste des Schwedenwalls zu erkennen, der im Dreißigjährigen Krieg als Schutz gegen brandschatzende Banden gebaut wurde.

36 Die Hammundeseiche

Die Spuren der Ahnen erahnen

Der Seulingswald ist eines der größten zusammenhängenden Waldgebiete Hessens – und vielleicht auch eins der unentdecktesten. Kilometerweit kann man das satte Grün durchstreifen, ohne auch nur auf ein Dorf, ein Gehöft oder gar einen Menschen zu treffen. Im Mittelalter sah das noch ganz anders aus. Damals gab es hier Dutzende Siedlungen, die früher oder später verlassen und zu Wüstungen wurden.

Verhältnismäßig viel ist noch vom ehemaligen Dorf Hammundeseiche zu sehen. Auf einem Hochplateau, etwa 600 Meter südlich der heutigen A 4, haben ab dem Beginn des 11. Jahrhunderts für etwa 300 Jahre Menschen gelebt. An einer Kreuzung mehrerer Waldwege stößt der Wanderer auf den Umriss der ehemaligen Dorfkirche. Das Gotteshaus überdauerte die Siedlung, wohl bis ins 15. Jahrhundert hat es gestanden. Später wurde es abgetragen, und alles menschliche Leben hier oben geriet in Vergessenheit.

Vor knapp 50 Jahren allerdings erwachte wieder das Interesse an den ehemaligen Dörfern im Seulingswald. Die Historiker rückten an, legten die Grundmauern der Kirche frei, stockten sie zur Illustration auf und fanden außerdem Gräber, einen Brennofen, Scherben und den ehemaligen Dorfbrunnen. Wahrscheinlich bestand der Ort zu seiner Blütezeit aus 20 Höfen, da diese aber aus Holz gebaut waren, gibt es von ihnen heute keine Spuren mehr. Es wird davon ausgegangen, dass das Dorf bis zu dem monumentalen Baum reichte, der heute ebenfalls Hammundeseiche genannt wird und etwa 200 Meter südöstlich der ehemaligen Kirche emporragt. Mit einem Stammumfang von fast neun Metern ist der knorrige Gigant zweifelsohne eine Sehenswürdigkeit für sich. Ob er allerdings tatsächlich als Dorfeiche herhielt, muss bezweifelt werden. Neueste Schätzungen gehen davon aus, dass er höchstens 500 Jahre alt ist – und da war die kleine Siedlung im Seulingswald ja schon längst von den Landkarten verschwunden.

Adresse Landstraße L 3069, zwischen 36289 Friedewald und 36208 Wildeck-Hönebach | **ÖPNV** Bus 330, Haltestelle Gewerbegebiet, Friedewald | **Anfahrt** A 4, Ausfahrt Friedewald, über die L 3069 Richtung Hönebach, Parkplatz am Seitenstreifen der Landstraße kurz hinterm A-4-Parkplatz »Nadelöhr« | **Tipp** Das Hotel an der ehemaligen Wasserburg Friedewald ist das einzige Fünf-Sterne-Haus Osthessens. Sehr schick, hier und da vielleicht etwas überladen.

37_Die Erdfunkstelle

Beste Kontakte nach ganz oben

Früher war Fuchsstadt einfach nur ein Dorf zwischen Bad Kissingen und Hammelburg. Eine hübsche Kirche, ein paar Kapellen, etwas Weinbau, was das ländliche Unterfranken halt so zu bieten hat. Aber dann kamen die Ingenieure. Sie waren auf der Suche nach einem gut abgeschirmten Gebiet, erdbebensicher sollte es sein und nicht zu weit weg von der nächsten Autobahn. Ihr Auftrag: den geeigneten Platz für eine Erdfunkstelle auszumachen.

Den haben sie auf einem Feld nördlich des Ortes gefunden und mit einer der größten Satelliten-Kommunikationsanlagen der Welt bebaut. 50 Parabolantennen halten Kontakt ins All. Sie verschicken und empfangen Daten von weit entfernten Raumflugkörpern, wofür eine gewisse Wuchtigkeit offenbar unerlässlich ist. Die größten Hohlspiegel haben einen Durchmesser von unübersehbaren 32 Metern, die kleinsten würden in einen Schrebergarten passen. Ob die weißen Kolosse das Tal der Fränkischen Saale verschandeln oder eine ganz besondere Sehenswürdigkeit sind, muss jeder für sich entscheiden. Wer sich darüber aufregt, sollte aber konsequenterweise in Zukunft darauf verzichten, Fußball-WM-Spiele oder olympische Wettkämpfe im Fernsehen zu verfolgen. Denn auch dafür sind die metallenen Weltall-Lauscher ab Mitte der 1980er Jahre gebaut worden. Bis ins Jahr 2000 wurde die Anlage von der Deutschen Bundespost und ihrem Nachfolger, der Telekom, betrieben. Die Kooperation mit einem französischen Anbieter aber machte Fuchsstadt überflüssig, weil die Franzosen in der Champagne und der Bretagne eigene Funkstellen unterhielten. Glücklicherweise konnte mit dem privaten Satellitenunternehmen Intelsat ein neuer Betreiber für den fränkischen Antennenwald gefunden werden.

Wenn Sie das nächste Mal ein Telefonat auf einen weit entlegenen Kontinent führen oder Sebastian Vettel beim Großen Preis von Japan am Fernseher zujubeln, denken Sie dran: Ohne Fuchsstadt ginge da gar nichts.

Adresse Sandflur, 97727 Fuchsstadt | ÖPNV Bus 8167, Haltestelle Kissinger Straße | Anfahrt an der Ortsumgehung B 287 ausgeschildert | Tipp Das benachbarte Hammelburg ist der südwestlichste Ausläufer der Rhön und versprüht mit seinem Weinbau eine fast südländische Atmosphäre.

38 Das Antoniuscafé

Begegnungsstätte

Im antonius LadenCafé fühlt sich der Besucher ein bisschen, als sei er geradewegs in eine Telenovela der ARD hineingeraten. Romantischer hätte den Innenhof kein Bühnenbildner gestalten können, unter den schattigen Bäumen sitzt der ehemalige Oberbürgermeister und plauscht, seine Frau steht hinter dem Tresen, und irgendwie scheinen sich alle untereinander zu kennen. Das antonius LadenCafé ist schon auf den ersten Blick anders. Hier arbeiten Menschen mit und ohne Behinderung zusammen – und jeder macht das, was ihm am meisten liegt.

In einer Ecke des kleinen Gastraums repariert ein Mann konzentriert die Sitzfläche eines Korbstuhls. Kann heute kaum noch jemand, lange Wartelisten. Eine ältere Dame sitzt am Fenster und strickt schweigend vor sich hin. In jedem anderen Café wären die beiden schon längst rausgeschmissen worden, machen ja schließlich überhaupt keinen Umsatz und nehmen nur Platz weg. Hier sollen Begegnungen stattfinden, Schwellenängste abgebaut werden. Mit oder ohne Behinderung, das spielt beim antonius-Netzwerk keine Rolle. Jeder Mensch ist wichtig. Und jeder wird nach seinen Fähigkeiten gefördert. Dabei geht es nicht darum, die Menschen mit Handicap einfach nur zu beschäftigen – sinnvoll soll ihre Aufgabe sein.

Und was gibt es Sinnvolleres, als hungrige Fuldaer satt zu machen? Wer sich den köstlichen Brotteig mit Schmand bestellt, sollte viele Stunden davor und danach nichts weiter zu sich nehmen, genauso reichhaltig sind die Suppen. Angeboten werden ausschließlich Lebensmittel, die mit dem antonius-Biosiegel ausgezeichnet sind, ein vorbildlicher Kreislauf vom lokalen Anbau bis zur eigenen Verarbeitung. Seit über 100 Jahren bereichert das antonius-Netzwerk das Leben in Fulda. Und einen unkomplizierteren Kontakt als bei Kaffee und Kuchen gibt's kaum. Wer Lust hat, kann hier nicht nur einkaufen, sondern auch stunden- oder tageweise mitarbeiten. Einzige Bedingung: Mensch zu sein.

Adresse Severiberg 1, 36037 Fulda | **ÖPNV** vom Hauptbahnhof Fulda etwa 15 Minuten Fußweg | **Anfahrt** A 7, Ausfahrt Fulda-Mitte, ins Zentrum, am Dom findet sich meist ein freier Parkplatz, von dort 5 Minuten zu Fuß | **Öffnungszeiten** Mo–Fr 9–18 Uhr, Sa 10–17 Uhr | **Tipp** Direkt gegenüber liegt die Bäckerei Ballmaier, die viele Fuldaer für die beste der Stadt halten. Ein Traditionsbetrieb, seit fast 150 Jahren an diesem Standort.

39 Die Fuldamobile

Mobil mit Stil

Wolfsburg, Stuttgart, Rüsselsheim, Ingolstadt. Stolze Stätten der deutschen Autoproduktion. Und Fulda? Fulda auch, aber »stolz« mag nicht das erste Adjektiv sein, mit dem man ein Fuldamobil beschreiben würde. Niedlich ist es schon eher, dieses Gefährt, das fast 20 Jahre lang an der Rangstraße produziert wurde und seine Heimatstadt im Namen trägt.

Das erste Modell »N« sah mit seiner unlackierten Karosserie aus Stahlblech und drei winzigen Reifchen noch aus, als habe man alle verwertbaren Reste 1951 zu einem fahrbaren Untersatz zusammengeschustert. Ab dem »S 2« (1954) kann man bei dem drollig dreinglupschenden Aluminiumkonstrukt in Tropfenform mit gutem Willen von einem Auto reden. Knapp 3.000 Fahrzeuge der unterschiedlichen Modelle sind bis 1969 in Deutschland gefertigt worden, dazu kommen Nachbauten bei Lizenznehmern von Indien über Griechenland bis Argentinien. Trotzdem ist das Fuldamobil heute eine Seltenheit und zieht bei Oldtimertreffen bewundernde Blicke auf sich.

Im Vonderau Museum stehen gleich zwei dieser Raritäten. Eins davon hat der Fuldaer Unternehmer Gerhard Becker 1987 für das Museum ersteigert, das andere wurde später angekauft, stammt aber nicht aus osthessischer Produktion. Mittlerweile ist auch ein Original-Verkaufsprospekt vom »Kleinwagen für anspruchsvolle Fahrer« zu bewundern, ebenfalls spendiert von Becker.

Heute mag man über die lustigen Autos lachen, damals galten sie als innovativ und waren heiß begehrt. Selbst König Hussein von Jordanien und der ehemalige Bundespräsident Heinrich Lübke besaßen nachweislich ein Fuldamobil. Der ADAC rühmte schon 1951 die Unverwüstlichkeit der kleinen Knatterbüchsen – und die technischen Daten klingen noch heute nicht schlecht: Für knapp drei Meter Länge reicht die kleinste Parklücke. Und bei einem Verbrauch von vier Litern auf 100 Kilometer erübrigen sich Manipulationen bei der Abgasmessung.

Adresse Jesuitenplatz 2, 36037 Fulda | **ÖPNV** vom Hauptbahnhof Fulda etwa 10 Minuten Fußweg | **Anfahrt** A 7, Ausfahrt Fulda-Mitte, im Zentrum Parkhaus Kaufhof oder Q-Park Zentrum ansteuern | **Öffnungszeiten** Di–So 10–17 Uhr | **Tipp** Auf dem Universitätsplatz haben die Stadtplaner Klangplatten in den Boden eingelassen. Wer dort länger als zehn Minuten neben einem hopsenden Kleinkind aushält, darf sich Meister der inneren Ausgeglichenheit nennen.

40 Der Klostergarten

Die Schwestern mit dem grünen Daumen

Ein Straßenmusikant spielt Akkordeon, Kinder rennen unter großem Getöse durch die Straßen, hier hupt ein Auto, dort nähert sich ein Martinshorn: Geräusche der Innenstadt. Sie sind zu hören im Klostergarten der Abtei Fulda – und doch ist diese Grünfläche zwischen Kaufhäusern, Busbahnhof und Fußgängerzone eine Oase der Ruhe. Dafür sorgt schon die fast 400 Jahre alte Klostermauer, die den Garten nicht nur abschirmt, sondern ihm ein ganz besonderes Mikroklima verleiht.

Die Vielfalt auf den 2.000 Quadratmetern ist trotz der überschaubaren Größe eine wahre Wonne. Ziergarten, Laubengänge, Bäume, stille Sitzplätze und natürlich der Nutzgarten, der die 20 Nonnen mit Gemüse, Salat, Obst und Kräutern versorgt. Alles bio, und zwar schon lange, bevor dieser Begriff überhaupt bekannt wurde. Mit Chemie darf man den Ordensfrauen nicht kommen, gedüngt wird hier höchstens mit dem sagenhaften Humofix. Das ist eine Art Kräuterpulver, das die Schwestern bei Kolleginnen in Großbritannien entdeckt haben. Es verwandelt Garten- und Küchenabfälle in rasanter Zeit in feinsten Humus. Zu kaufen gibt es das magische Pülverchen im Klosterladen, von dem aus man auch den besten Blick in den zauberhaften Garten hat.

Und Einblicke sind in der Abtei zur Heiligen Maria durchaus gewünscht. Die Nonnen laden zu Gesprächskreisen ein, organisieren Konzerte und lassen auch regelmäßig Fremde in ihr grünes Schatzkästlein schauen. Manchmal gibt es Führungen mit wertvollen Tipps von den Vorreiterinnen des Ökolandbaus. Wem es nach Fulda zu weit ist, der erreicht Schwester Christa zu bestimmten Terminen sogar zur telefonischen Gartensprechstunde. Und wer noch mehr wissen will, kauft eins ihrer Bücher. Alle Informationen dazu hat die Benediktinerinnenabtei auf ihre Homepage gestellt, die so modern und übersichtlich gestaltet ist, dass manch weltliches Unternehmen geradezu neidisch werden könnte.

Adresse Nonnengasse 16, 36037 Fulda, www.abtei-fulda.de | **ÖPNV** sämtliche Buslinien in Fulda, Haltestelle Stadtschloss | **Anfahrt** A 7, Ausfahrt Fulda-Mitte, im Zentrum Parkleitsystem zum Q-Park Stadtschloss folgen | **Öffnungszeiten** Mai–Sept. Sa 14–16 Uhr | **Tipp** Neben dem Fuldaer Dom steht ein wenig unscheinbar die Michaelskirche. Sie stammt aus dem 9. Jahrhundert und gilt als ältester Nachbau der Jerusalemer Grabeskirche auf deutschem Boden.

41 Das Schlosstheater

Plötzlich Musical-Hochburg

2003 hat alles angefangen. Peter Scholz und Dennis Martin gründen ein kleines Unternehmen mit dem Ziel, im kommenden Jahr ein Musical in Fulda auf die Bühne zu bringen. Der Augenblick ist günstig: Im darauffolgenden Jahr jährt sich der Todestag des heiligen Bonifatius zum 1.250. Mal – und der Kulturdezernent kann sich vorstellen, das sommerpausierende Schlosstheater für sechs Vorstellungen den beiden Burschen aus Osthessen zur Verfügung zu stellen. Aus den sechs Bonifatius-Shows wurden im Lauf mehrerer Jahre schließlich 141 – und aus Fulda eine ernst zu nehmende Musicalstadt.

Dennis komponiert, Peter organisiert, und beide tun das in fast schwindelerregender Rasanz. Die heilige Elisabeth wird zum Musical, Friedrich der Große ebenfalls – und das Leben des Sozialreformers Adolph Kolping. In enger Abstimmung mit der Autorin entsteht aus der Romanvorlage »Die Päpstin« ein Bühnenstück, zuletzt waren die osthessischen Musicalmacher bei Noah Gordon in Boston zu Gast, um mit ihm über die Umsetzung des »Medicus« zu verhandeln.

Anders als bei den Kollegen im benachbarten Bad Hersfeld stehen bei Scholz und Martin nicht die großen Stars auf der Bühne. Man findet ja ohnehin nur wenige große Schauspieler, die gleichzeitig auch noch tanzen und singen können. In Fulda ist alles eine Nummer weniger exaltiert als bei den Wedel-getunten Stücken in der Stiftsruine. Und die Preise sind es mit 15 bis 59 Euro pro Eintrittskarte auch. Es muss die Kombination aus toller Kulisse, guten Stücken und dem immer beliebteren Städtereisen-Ziel Fulda sein, die die Menschen in Scharen ins Schlosstheater treibt. In einer Stadt mit gerade mal 65.000 Einwohnern einen Saal mit 680 Plätzen mehr als 80-mal im Jahr mit einer Auslastungsquote von über 90 Prozent zu füllen, spricht dafür, dass Peter Scholz und Dennis Martin in den vergangenen Jahren ziemlich viel richtig gemacht haben müssen.

Adresse Schlossstraße 5, 36037 Fulda, www.musicalsommer-fulda.de | **ÖPNV** sämtliche Buslinien in Fulda, Haltestelle Stadtschloss | **Anfahrt** A 7, Ausfahrt Fulda-Mitte, im Zentrum Parkleitsystem zum Q-Park Stadtschloss folgen | **Tipp** Natürlich finden auch außerhalb des Musical-Sommers hochkarätige Aufführungen im Schlosstheater statt. Den Spielplan gibt es unter www.schlosstheater-fulda.de.

42 Der Weinberg

Bacchantisches Kleinod

Immer wieder findet man in der Rhön Straßennamen, die darauf hindeuten, dass in der Gegend früher Wein angebaut wurde. Das »Weingartental« in Meiningen, die »Weinbergstraße« in Fladungen oder auch »Am Weinberg« am nördlichen Stadtrand von Tann. Das raue Klima des Landstrichs spricht zwar gegen önologische Aktivitäten, der weitverbreitete Katholizismus allerdings ganz schwer dafür: Eine Liturgie ohne Messwein? Undenkbar.

Die meisten Rebhänge in Osthessen und der Rhön sind heute verschwunden, erst am Unterlauf der Fränkischen Saale ist das Klima wieder mild genug, um genießbare Tropfen zu kultivieren. Und am Fuldaer Frauenberg! Mitten in der Stadt kümmert sich ein rühriger Verein seit 1991 um die Trauben an etwa 750 Rebstöcken. Hier, wo die Mönche schon im 12. Jahrhundert als Weinbauern aktiv waren, wachsen heute wieder Riesling, Silvaner und Gewürztraminer, selbst ein roter Spätburgunder und ein Saint Laurent gehören zum Portfolio des kompakten City-Weinbergs.

Natürlich kann sich das obere Fuldatal klimatisch mit den klassischen Weinbauregionen wie Rheingau, Bergstraße oder gar Kaiserstuhl nicht messen. Aber das kleine Anbaugebiet unterhalb des Klosters Frauenberg macht die Nachteile durch einen steilen Südhang, wärmespeichernde Basaltböden und die vor kalten Fallwinden geschützte Lage wieder wett. Weinexperten von der Hochschule in Geisenheim am Rhein unterstützen die Vereinsmitglieder mit ihrem Wissen und beobachten neugierig, wie die Reben mit dem osthessischen Klima zurechtkommen. Offenbar nicht schlecht, denn in guten Jahren hat es nach der Lese schon für 1.000 Liter Wein gereicht. Für den Handel ist das leider zu wenig, aber wer Kontakt zum »Weinkonvent Fulda e.V.« aufnimmt, darf vielleicht mal probieren. Oder sich wenigstens den Weinberg zeigen lassen, mit seinen alten Mauern eine wahrhafte Oase in der Stadt, wo Osthessen ganz weit und Südtirol ganz nah wirkt.

Adresse Am Frauenberg 3, 36039 Fulda | **ÖPNV** Bus 1, Haltestelle Frauenberg | **Anfahrt** A 7, Ausfahrt Fulda-Mitte, im Zentrum über Alfred-Dregger-Allee zum Klosterweg, dort Parkplätze gegen Gebühr | **Tipp** Die Franziskaner im Kloster Frauenberg bieten ein Gästehaus mit 23 Zimmern an. Wer möchte, kann einige Tage in der Gemeinschaft mitleben und -beten.

43 Die Hochhaussiedlung

Osthessische Skyline

Wie überdimensionierte Bauklötze ragen die Betonburgen auf dem Hochplateau zwischen Fuldatal und Horasbach in den Himmel. Beim Blick nach Norden ist der Aschenberg allgegenwärtig, nur aus wenigen Blickwinkeln wird die Siedlung vom Frauenberg verdeckt.

Angefangen hat alles mit einem städtebaulichen Ideenwettbewerb im Jahr 1962. Damals standen im Kontrast zu den engen historischen Siedlungsformen einer Stadt große Grünflächen mit wuchtigen Mehrfamilien-Solitären hoch im Kurs. Die waldnahe Hochlage des Aschenbergs versprach weite Ausblicke und frische Luft. Ein Umzug von einem kohlegeheizten Altbau mit zweifelhaften Sanitäreinrichtungen hierher muss seinerzeit verlockend gewesen sein.

Natürlich haben sich auch am Aschenberg im Lauf der Jahrzehnte die Irrtümer der damaligen Stadtplanung gezeigt. Die meisten Menschen lieben es kleinteilig, verwinkelt und überschaubar; davon kann auf den zugigen Freiflächen zwischen den Wohn-Monolithen nicht die Rede sein. Abgesehen davon fließt nahezu der komplette Verkehr der Siedlung über eine Straße ab, die im Ortskern von Horas endet und diesen ein bisschen überfordert. Nicht vorzustellen, wie es dort aussähe, wenn der Aschenberg tatsächlich eine Wohnstadt für 10.000 Menschen geworden wäre, so war es nämlich zeitweise geplant. Problematisch an Trabantensiedlungen ist in den meisten Fällen, dass die Bewohner ihre Schlafstadt zum Gelderwerb verlassen müssen, denn Arbeitsplätze gibt es dort kaum. Und in diesem Fall müssen sie auch früh genug zurück sein, nach 23 Uhr verirrt sich kein Bus mehr aufs Hochplateau.

Mittlerweile haben die Stadt und verschiedene Einrichtungen erkannt, dass der Aschenberg ein wenig Zuwendung braucht. Heute gibt es ein Mehrgenerationenhaus, Integrations-Fußballturniere und schon länger einen rührigen Faschingsverein. Und so ist das Leben hier oben nicht schlechter, nur ein bisschen urbaner als im Rest der Stadt.

Adresse Aschenbergplatz, 36039 Fulda-Aschenberg | **ÖPNV** Bus 1, Haltestelle Aschenbergplatz | **Anfahrt** von der Stadtmitte Fulda über die B 254 Richtung Lauterbach, hinter der Eisenbahnbrücke Beschilderung Horas/Aschenberg folgen | **Tipp** Hinter Gläserzell, unterhalb des Aschenbergs, beginnt ein sehr schöner Abschnitt des Fuldatals. Wenig Verkehr, kaum Industrie, malerische Orte. Radfahrer-Paradies!

44 Das Jagdschlösschen

Ein Haus zieht um

Die Niesiger Straße sieht aus wie tausend andere Ausfallstraßen in Deutschland auch: ein typischer Mix aus größeren und kleineren Häusern, Supermarkt, Imbiss, Fahrschule, das meiste eher praktisch als schön. Wäre da nicht das Haus Nummer 72. Wie kommt dieses hübsche Häuschen hierher, das mit seinen fein gearbeiteten Dachtraufen fast ein bisschen schweizerisch aussieht?

Eigentlich gehört es hier nicht hin, denn es handelt sich um ein landgräfliches Jagdschlösschen. Zum Jagen braucht man Wald – und davon gibt's in Horas nicht allzu viel. Der heutige Standort ist das Ergebnis eines mühevollen Umzugs vor mehr als 100 Jahren. 1875/76 ließ Landgraf Friedrich Wilhelm das malerische Gebäude am Nonnenröder Forst, südwestlich von Fulda, errichten. Dort gab es Wald und Wild ohne Ende und nach erfolgreichem Abschuss manch deftigen Schmaus. Nach dem Tod des Landgrafen nahm das Interesse an dem Jagddomizil vor den Toren der Stadt ab, nach der Jahrhundertwende stand es zum Verkauf.

Es war schließlich ein Maurermeister aus Horas, der das kleine Schmuckstück erwarb, allerdings mit dessen Standort nichts anfangen konnte. Deswegen baute er es Stein für Stein ab und anschließend originalgetreu wieder auf. Mittlerweile ist die benachbarte Bebauung dem romantischen Kleinod ziemlich nah auf die Pelle gerückt, wobei sich kein Architekt auch nur ansatzweise auf das Jagdhaus nebenan referenziert.

Heute gehört das Haus einer Familie, die einiges in den Erhalt des historischen Gebäudes investiert hat. Rosenstöcke ranken an den Holzbalken hinauf, frische Farbe lenkt den Blick auf die liebevollen Holzarbeiten an Dach und Veranda. So schön, wie hier alles aussieht, hätte dieses kleine Juwel eigentlich einen Standort mit Blick auf einen Schweizer Bergsee verdient und nicht dieses Schattendasein an einer deutschen Ausfallstraße. Aber dazu müsste es ja schon wieder umziehen.

Adresse Niesiger Straße 72, 36039 Fulda-Horas | **ÖPNV** Bus 1, Haltestelle An der Steingrube | **Anfahrt** aus der Stadtmitte Fulda über Horaser Weg/Schlitzer Straße, in Horas Beschilderung Niesig folgen | **Tipp** Ein kleiner Spaziergang Richtung Innenstadt über Marien- oder Elisabethenstraße führt am Südwesthang des Frauenbergs durch Fuldas schönste Wohngegend.

45 Das Glockenspiel

Es bimmelt in der Rhön so schön

Wenn man es mal in Relation setzt, gibt es hier ziemlich viel Sehenswürdigkeit pro Einwohner: Schloss, Stadtmauer, neogotisches Rathaus, ein rausgeputzter Marktplatz, zwei hübsche Kirchen und mit dem Point Alpha ein Museum von überregionaler Bedeutung. Aber damit nicht genug. Eine weitere Sehens- oder besser Hörenswürdigkeit haben sich die rührigen Ulstertaler kurz nach der Jahrtausendwende selbst beschert.

Angefangen hat alles in Sinn bei Wetzlar. Dort sollte in einer Gießerei die neue Glocke für eine Kapelle in der Nähe bestellt werden. Der Blick von Pfarrer Hahner fiel dort auf ein ausgestelltes Glockenspiel, und während der nächsten Messe durchfuhr ihn der Gedanke, dass so was in seiner Kirche ja auch schön wäre. Der Glockenbeauftragte der Diözese Fulda (so was gibt es!) schlug ihm gar die Anschaffung eines Carillons vor. Ein Carillon ist ein Glockenspiel, das von einem Spieltisch, einer Art Tastatur, aus bedient wird. Der Schlag von Taste zu Glocke erfolgt auf mechanische Weise, das Instrument muss über mindestens 23 Glocken und zwei Oktaven verfügen. So will das die World Carillon Federation (gibt es tatsächlich auch!).

Aber zurück nach Geisa. Pfarrer Hahner gelang es, große Teile der Stadt für seine Idee zu begeistern, er gründete einen Verein und begann, Geld für sein Vorhaben zu sammeln. Nach nur wenigen Monaten waren die benötigten 160.000 Mark beisammen und ein Fachbetrieb in den Niederlanden gefunden, der 49 Glocken für Geisa goss. Gerade mal zwei Jahre vergingen von der Idee bis zum Einbau von 4,5 Tonnen Klöppeln, Hämmern und Bronzebimmeln im Oberstübchen der katholischen Pfarrkirche. Nach einem festen Plan wird die Stadt vier- bis fünfmal täglich beschallt, im Regelfall über eine automatische Spielanlage, zu besonderen Anlässen aber auch in Handarbeit vom Carilloneur (auch diese Bezeichnung gibt es, dieses Thema hat meinen Horizont wirklich erweitert!).

Adresse Kirchplatz, 36419 Geisa | ÖPNV Bus 125, Haltestelle Kulturhaus | Anfahrt über B 278 und Bahnhofstraße, in der Innenstadt findet sich meist ein Parkplatz | Öffnungszeiten Kirche geöffnet Mo–So 8–18 Uhr, Besichtigung des Carillons zu erfragen unter www.glockenspiel-geisa.de | Tipp Am Schlossplatz startet der Point-Alpha-Weg, eine knapp 15 Kilometer lange Wanderung mit schönen Blicken auf das Ulstertal, teilweise auf dem Kolonnenweg der ehemaligen innerdeutschen Grenze.

46 Das Waldhäuschen

Himmlische Ruhe

Ein Platz wie im Bilderbuch. 650 Meter über den Dingen, mit einem weiten Blick über Berge und Täler der Thüringischen Rhön. Nichts ist zu hören als das Rauschen des Waldes und das stoische Halmabrupfen einiger Rhönschafe, die, so scheint es beinahe, nur aus farbtupferischen Gründen auf der sanft abfallenden Wiese grasen. Hier steht das Geisaer Waldhäuschen.

Das neue Waldhäuschen, um genau zu sein. Denn das erste wurde 1974 von Grenzsoldaten abgerissen. Sie hatten Angst, dass Fluchtwillige die einsame Hütte als Unterschlupf nutzen könnten, angesichts der großen Entfernung zur Zonengrenze eine recht windige Begründung. Vielleicht wollten die hohen Herren der SED auch einfach nicht, dass hier oben unbeaufsichtigt gefeiert wurde und die arg gegängelten Ulstertaler mal ein kleines Freiheitsgefühl genießen konnten.

Nach der Wende entstand bei der Interessengemeinschaft »Geisaer Wald« die Idee, das Häuschen genau dort wiederaufzubauen, wo sein Vorgänger fast ein Jahrhundert lang gestanden hatte. Drei Jahre wurde geplant, entworfen und gewerkelt, bis 1999 der kleine Traum aus Fachwerk endlich wahr wurde. Für den Neubau wurde ein Umweltprojekt zur Bedingung gemacht, weswegen die Bauherren neben der Hütte auch noch einen Naturlehrpfad angelegt haben. Er startet direkt in Geisa und führt an diesen idyllischen Ort.

Das Haus ist immer und rund um die Uhr für Wanderer geöffnet. Im Erdgeschoss befindet sich ein heimeliger Gastraum, unterm Dach ist das Schlaflager. Wasser kommt aus der Quelle, Strom gibt es nicht. Wer auf Nummer sicher gehen will, reserviert beim Gasthof Geisschänke die ganze Baude für 35 Euro pro Nacht und Gruppe. Und mit etwas Glück rückt noch eine Truppe von Alphornbläsern an und macht die Romantik komplett. Das sind übrigens dieselben fleißigen Herren, die das Häuschen wiederaufgebaut haben. Die brauchten nach ihrem ersten Projekt eine neue Aufgabe.

Adresse mitten im Wald zwischen Zitters und Gerstengrund | **ÖPNV** Bus 120, Haltestelle Zitters, danach beschildertem Fußweg folgen | **Anfahrt** B 278, Abzweig in Schleid, Auto in Zitters abstellen und knapp eine Stunde bergauf wandern | **Tipp** Wer schicker schlafen will als im Waldhäuschen, bettet sich fürstlich im Schloss Geisa. Moderne Zimmer in historischem Ambiente, preislich völlig okay.

47 Die Heile Schern

Den Schalk im Nacken

Die Uhr zeigt halb vier. Die Wanderung ist beendet, die Füße qualmen, und der Magen knurrt. Jetzt ab in einen schönen Landgasthof und vor der Rückfahrt noch gepflegt ein paar Rhöner Spezialitäten genießen. Um halb vier? In einem Landgasthof? Sehr witzig, Herr Frühling. Da herrscht in den meisten Wirtshäusern Siesta, auch am Wochenende, im besten Fall gibt's Filterkaffee und ein Stück Kuchen.

Nicht so in Spahl. Denn dort steht die Heile Schern, der Anziehungspunkt weit und breit in Sachen ruraler Gästeverköstigung. Rund 100 Hungrige finden in der namensgebenden Scheune von 1669 Platz, die trotz ihrer Größe urgemütlich ist. Noch schöner sitzt es sich im Biergarten, auf dem Teller hausgeräucherte Forelle oder ein Schnitzel vom Metzger aus dem Nachbarort, dazu heimischer Apfelsaft oder -wein. Und das ohne Zeitdruck, weil hier kein Koch um 14 Uhr den Löffel fallen lässt und um 17 Uhr den Herd langsam wieder hochfährt.

Es war ein mutiger Schritt von Annette und Christoph Trabert, gerade in Spahl in die Gastronomie einzusteigen. Knapp 400 Einwohner und kaum Ausflügler, die sich versehentlich in das kleine Dorf an der thüringischen Grenze verirren. Um Gäste hierherzulocken, helfen nur »gute Ideen, Qualität und dranbleiben«, sagt Christoph und öffnet stolz die Tür zu seinem Spaßmuseum. Das ist so eine seiner guten Ideen. Hunderte Sprüche hängen hier, mal klamaukig, mal originell, gern anzüglich und immer von antiquarischen Gegenständen umringt, die zu den Zoten an der Wand passen.

Mittlerweile bieten die Traberts ihren Gästen auch Übernachtungsmöglichkeiten. Spezialisiert haben sie sich dabei auf Wanderer, Biker und Familien, die in großen Ferienwohnungen gruppenweise untergebracht werden. Lachen, schlemmen, schlafen – in der Heilen Schern gibt es das Rundum-sorglos-Paket. Schön, dass in Zeiten des allgemeinen Landgasthof-Sterbens so etwas noch funktioniert.

Adresse Zum Geisaer Berg 1, 36419 Geisa-Spahl | ÖPNV Bus 125 und 119, Haltestelle Spahl, Rockenstuhl | Anfahrt B 278, Abzweig nach Spahl in Tann-Günthers oder in Motzlar | Öffnungszeiten Mai–Okt. Mi–So ab 12 Uhr, Nov.–April Mi–Fr ab 17 Uhr, am Wochenende ab 12 Uhr | Tipp Zur Verdauung eine kleine Wanderung auf den Rockenstuhl (529 Meter) mit dem ehemaligen Störsender gegen das böse Westfernsehen unternehmen.

48 Die evangelische Kirche

Was lange währt …

Irgendwie muss der liebe Gott anderweitig beschäftigt gewesen sein, denn man kann nicht gerade behaupten, dass er schützend seine Hand über diesen Kirchenbau hielt. Ende des 17. Jahrhunderts war man sich in der Rhönstadt einig, dass das alte Bethaus zu klein war und den Ansprüchen nicht mehr genügte. Es war schon allerhand Material für den Neubau herangeschafft worden, als 1689 ein Flutwasser sämtliche Brücken des Ortes mit sich riss und etliche Häuser beschädigte. Also wurde die Errichtung der Kirche erst mal vertagt. 1756 zerstörte ein Feuer große Teile der Stadt, ein weiterer Rückschlag für die geplante Baumaßnahme.

1775 sah es vorübergehend gut aus für einen Neubau, jetzt allerdings begehrten einige Bürger auf. Sie wollten nicht einsehen, weswegen die Gemeinde allein die Kosten tragen sollte, und verlangten eine Beteiligung der Adelsfamilie von Ebersburg. Der Streit eskalierte, bis schließlich der zuständige Kaiser Joseph II. den Befehl zum Kirchenbau erteilte. Dagegen hagelte es Einsprüche, deren Bearbeitung wiederum einige Jahre in Anspruch nahm. 1779 schließlich war das alte Kirchlein derart baufällig, dass der Weihnachtsgottesdienst aus Angst vor einem kompletten Einsturz nach Ortsteilen gegliedert in Etappen gefeiert werden musste. 1781 konnten die Bauarbeiten endlich beginnen.

Nach den ganzen Querelen ist die Kirche umso prächtiger ausgefallen. Heute zählt sie zu den wichtigsten Sakralbauten des Barocks in Hessen, bietet 1.000 Besuchern Platz und ist mit ihrem charakteristischen Zwiebelturm unübersehbares Wahrzeichen Gersfelds. Von außen mag sie zurückhaltend wirken, innen gibt der barocke Überschwang Vollgas. Die reich verzierte Kanzel, eine wuchtige Orgel, Emporen und schillernde Kronleuchter bringen den Besucher zum Staunen. Oder, wie es ein verblüffter Tourist bei einem meiner Besuche treffend formulierte: »Ganz schön viel Pomp für evangelisch!«

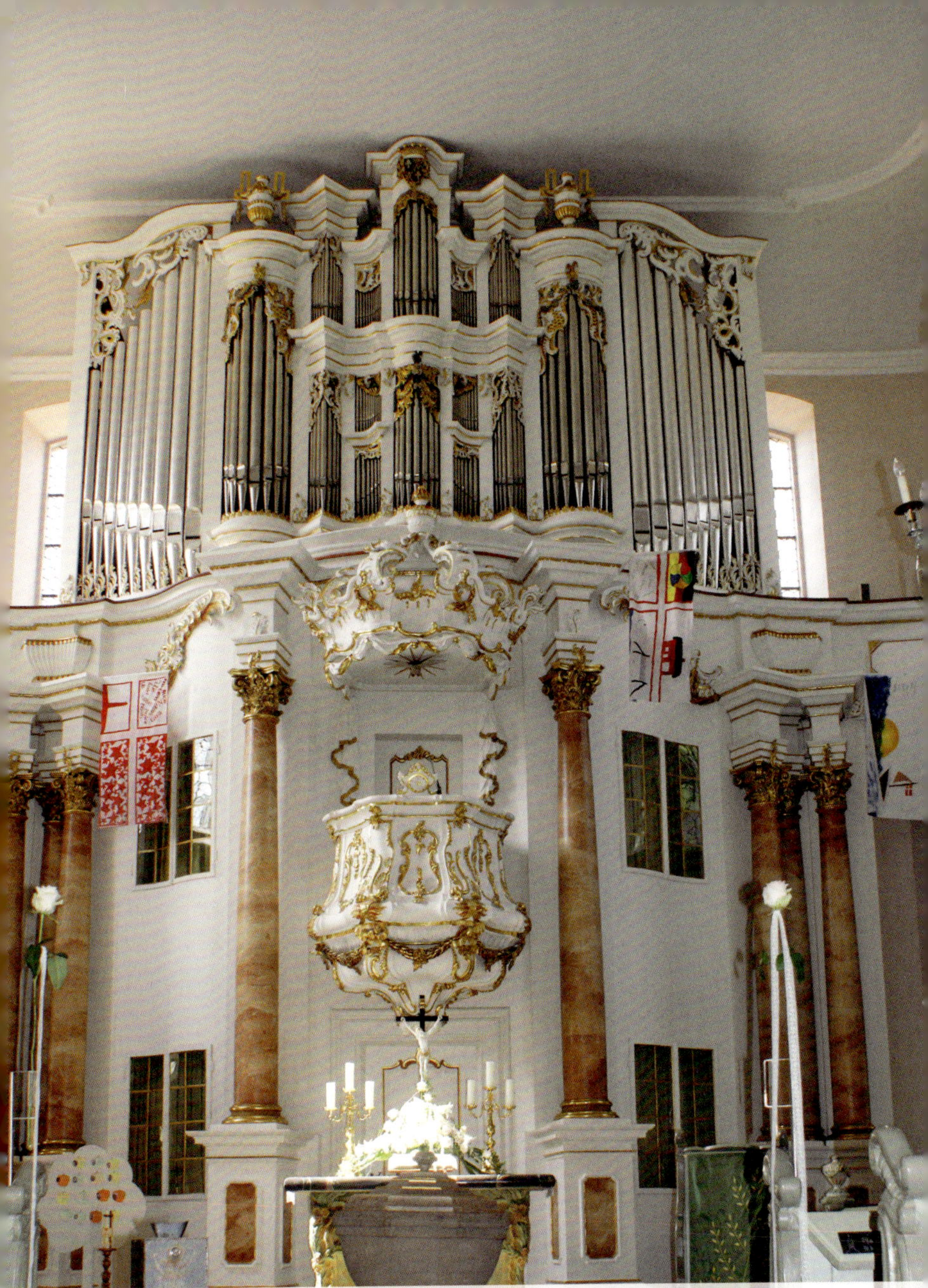

Adresse Marktplatz, 36129 Gersfeld (Rhön) | **ÖPNV** vom Bahnhof Gersfeld etwa 10 Minuten zu Fuß | **Anfahrt** B 279/B 284, kostenlose Parkplätze gibt es in der Stadtmitte von Gersfeld hinterm Rathaus oder an der Stadthalle | **Öffnungszeiten** tagsüber geöffnet | **Tipp** Das Café am Marktplatz serviert die größten Kuchenstücke weit und breit. Kuriose Autogrammsammlung vor der Toilette.

49__Die Stadthalle

Die sie einst für Hufe schufen

»Heimliche Hauptstadt der Rhön« – mit dieser Parole wertet sich Gersfeld gern ein bisschen auf. Allerdings: Das Ensemble am nördlichen Rand der Innenstadt gibt dem Slogan recht. Nirgendwo sonst wirkt die Rhön so urban wie in der kleinen Grünanlage zwischen Schloss, Parkvilla und Stadthalle. Barock trifft auf Jugendstil und haucht dem heilklimatischen Kurort am Rande der höchsten Berge eine Spur Noblesse ein.

Das interessanteste Gebäude ist die Stadthalle, 1907 gebaut und damals eigentlich als Reithalle gedacht. Eine Konstruktion aus halbkreisartigen Querstreben trägt die Decke, alles wurde aus Holz so konstruiert, dass keine Pfeiler Pferde (damals) oder Veranstaltungen (heute) stören würden. Bei der Renovierung 1987 war man sich einig, dass diese besondere Bauart erhalten bleiben muss, allerdings brachen die historischen Dachträger vorwarnungslos genau zwei Wochen vor Beginn der Erneuerungsarbeiten zusammen. Eine finnische Firma bekam daraufhin den Auftrag, das Gefüge original nachzubauen.

Günstig war der Renovierungszeitpunkt Ende der 80er Jahre in finanzieller Hinsicht, denn durch Denkmalschutz und Zonenrandförderung saßen die Gelder damals recht locker. Problematischer war die Ära für die Stilistik: Die seltsame Wandbordüre in einem dunklen Mint, die beigen Belüftungsrohre und die verschachtelte Glasdach-Konstruktion als Übergang zum angrenzenden Bürgersaal fand man damals sicherlich todschick. Heute würde man wahrscheinlich Lösungen finden, die dem Jugendstil-Gebäude besser gerecht würden. Aber das sind Kleinigkeiten. Wichtig ist, dass Gersfeld einen Veranstaltungsort hat, der von außen echt was hermacht, innen viel Platz bietet und sich wohltuend von den Waschbetonmonstern abhebt, die landauf, landab sonst auf den Namen »Stadthalle« hören. Als heimliche Hauptstadt der Rhön muss man Bürgern und Gästen ja schließlich auch was bieten!

Adresse Schloßplatz 9, 36129 Gersfeld (Rhön) | **ÖPNV** vom Bahnhof Gersfeld etwa 10 Minuten zu Fuß | **Anfahrt** B 279/B 284, kostenlose Parkplätze gibt es in der Stadtmitte von Gersfeld hinterm Rathaus oder an der Stadthalle | **Öffnungszeiten** nur bei Veranstaltungen von innen zu besichtigen, Informationen unter www.gersfeld.de oder Tel. 06654/170 | **Tipp** Offiziell gibt es in der Stadt drei Schlösser, das Obere und das Mittlere sehen aber eher aus wie Gutshöfe, das Barockschloss ist umso deutlicher als solches zu erkennen.

50_Der Wildpark

Viel Wild im Wald

Viele Menschen mögen keine Zoos, weil sie Bilder von stolzen Tieren im Kopf haben, die in viel zu kleinen Käfigen verhaltensgestört am Gitter auf und ab streifen. Wer den Wildpark Gersfeld besucht, muss sich da keine Sorgen machen. Hier, im idyllischen Ehrengrund, eingebettet in natürliche Misch- und Nadelwälder, herrscht keine Enge. Die allermeisten Tiere haben hektarweise Platz, um sich auszutoben oder ein ruhiges Eckchen abseits der Besucher zu finden. Dazu kommt noch der klimatische Aspekt: In diesem Park wird nur gehalten, was sonst auch in Mitteleuropa wohnt. Keine Bange, dass es den Kindern deswegen langweilig werden könnte. Wer den geschäftigen Fischottern zuschaut oder im begehbaren Wildgatter völlig zaunfrei einer gutmütigen Hirschkuh Aug' in Aug' gegenübersteht, der vermisst keine Elefanten, Tiger oder Giraffen.

Geöffnet ist die Anlage das ganze Jahr über, allerdings gibt es ruhigere und aufregendere Zeiten. Wer auf Jungtiere steht, sollte im Mai oder Juni kommen. Da wird geworfen, was das Zeug hält. Spannend ist auch die Brunftzeit zum Herbstanfang, besonders wenn der Damhirsch auf sich aufmerksam machen will, was, nun ja, wie ein sehr herzhaftes Rülpsen klingt.

Eben weil die Gehege so weitläufig sind, erinnert der Rundgang manchmal eher an einen Waldspaziergang als an einen Tierparkbesuch. Der beste Trick, die Kids bei Laune zu halten, ist folgender: Mit einem Besuch bei den streichelwilligen Ziegen direkt neben der Kasse anfangen, dann die große Runde drehen und bei eventuellem Murren darauf hinweisen, dass sich am Schluss die Ziegen bestimmt über eine ausführliche Sekundärstreicheleinheit freuen würden. Und noch ein Tipp: genügend 50-Cent-Stücke mitnehmen. Denn überall in der Anlage stehen Automaten, aus denen Futter gezogen werden kann. Und damit schafft man es meistens ganz hervorragend, die niedlichen Wildparkbewohner ganz nah an sich heranzulocken.

Adresse Am Dammel, 36129 Gersfeld (Rhön) | ÖPNV vom Bahnhof Gersfeld etwa 30 Minuten zu Fuß | Anfahrt an der zentralen Kreuzung B 279/B 284 ausgeschildert | Öffnungszeiten April–Okt. täglich 9–18 Uhr, Nov.–März täglich 10–16 Uhr | Tipp Deftige Stärkungen gibt's nach dem ausgedehnten Spaziergang bei der legendären »Hähnchen-Paula« im Ortsteil Sparbrod. Ordentliche Portionen, kleine Preise.

51 Die falsche Fuldaquelle

Knapp am Rekord vorbei

Die Fulda könnte wirklich der Stolz der Hessen sein. Es wäre ein Traum für alle Vermarktungsstrategen: Der längste Fluss des Landes entspringt auf dem höchsten Berg und hält seinem Heimatland bis zum Schluss die Treue. Tut das undankbare Gewässer aber nicht, sondern gluckst die letzten fünf seiner knapp 220 Kilometer beidufrig durch Niedersachsen. Womit der Pokal des längsten gesamthessischen Flusses an die Schwalm geht, deren Länge mit 97 Kilometern weit weniger beeindruckend ausfällt.

Die nächste Mogelpackung ist die Fuldaquelle unterhalb der Wasserkuppe. Alles sehr stilecht, mit massiven Quadersteinen umfasst und hochtrabendem Sechszeiler auf Metalltafel gewürdigt. So stellt sich der Romantiker den Ursprung eines deutschen Flusses vor. In Wirklichkeit liegt die Quelle allerdings weiter oben auf dem Berg. Dort begann man vor gut 80 Jahren mit dem Bau verschiedener Einrichtungen und funktionierte den wahren Fulda-Ursprung zur Trinkwasserversorgung um. Für das übrige Wasser errichtete man ein schlichtes Rohr, das genau an jener Stelle endet, die heute als Quelle gefeiert wird.

Kaum entsprungen, hat man den Eindruck, als wolle die Fulda die Rhön so schnell wie möglich wieder verlassen. Mehr als 400 Meter Höhenunterschied auf den ersten zehn Kilometern machen den jungen Fluss zu einem temperamentvollen Wasserlauf, der erst bei Ebersburg etwas weniger gehetzt wirkt.

Bis die Fulda sich bei Hann. Münden mit der Werra vereinigt, sammelt sie mehr Wasser auf als ihr Partnerfluss – eine halbwegs normale Verteilung der Niederschläge vorausgesetzt. Die Werra allerdings ist länger und kauft der Fulda deswegen den Schneid ab, der wichtigere Bestandteil der Weser zu sein. Denn die Etymologie geht davon aus, dass Werra und Weser die gleiche Wortherkunft haben, und degradiert die Fulda damit rein sprachwissenschaftlich zu einem Nebenfluss. Ts, ts, ts!

Adresse Wasserkuppe, 36129 Gersfeld (Rhön)-Obernhausen | **ÖPNV** Mo – Fr Rufbus 37 (Vorbestellung unter www.lng-fulda.de), Haltestelle Wasserkuppe; Sa – So Bus 35 oder 90 | **Anfahrt** direkt an der L 3086 zwischen der B 284 und dem Gipfel der Wasserkuppe | **Öffnungszeiten** ganzjährig zugänglich | **Tipp** Der kleine Parkplatz auf der anderen Straßenseite der Quelle ist momentan noch der letzte kostenlose Autoabstellplatz in Wasserkuppen-Nähe. Sonst werden überall zwei Euro fällig.

52 Die Kaskadenschlucht

Tal der Wahl

Der Feldbach ist nicht besonders lang, schon nach ein paar Kilometern mündet er in die junge Fulda. Auf seinem kurzen Weg stürzt er sich allerdings recht spektakulär zu Tal. Freilich gibt es im Schwarzwald oder in den Alpen schroffere Taleinschnitte, aber eine Wanderung durch die Schlucht ist dennoch ein Vergnügen. Am schönsten ist die Stimmung am frühen Vormittag, wenn die ersten Sonnenstrahlen durch das dichte Blätterdach der Buchen blitzen. Immer bergauf geht es vorbei an zerklüfteten Steilwänden, hier ein paar Stufen, dort ein Brücklein. Auch wer keine langen Distanzen gehen kann oder mag, ist in der Kaskadenschlucht richtig. Denn es ist erlaubt, über ein paar holprige Feldwege mit dem Auto direkt bis zu ihrem Beginn zu fahren.

Oben angekommen, ist es nur noch ein Katzensprung bis zum Roten Moor. Das größte Hochmoor Hessens sollte man sich nicht entgehen lassen. Über einen Weg aus Holzbohlen geht es zunächst durch einen naturbelassenen Wald aus Karpatenbirken. Ein Stück weiter bietet ein Aussichtsturm einen Blick auf die unterschiedlichen Teile des Moors. Im Vordergrund befindet sich der abgetorfte Bereich, das hier gewonnene Produkt wurde zunächst als Brennmaterial verwendet, später auch als heilender Torfschlamm in Kurbädern und schließlich als Düngemittel. Rund 175 Jahre wurde das Moor hier oben geplündert, erst 1985 endete der Abbau, und die Renaturierungsmaßnahmen begannen. Mehr Informationen gibt es im modernen »Haus am Roten Moor« auf der anderen Seite der Bundesstraße, außerdem kostengünstige Getränke und üppigen Kuchen.

Wer seinen Hunger konservieren und nicht wieder durch die Schlucht ins Tal zurückwill, macht einen Schlenker über Obernhausen. Der »Genussgasthof Fuldaquelle« bietet dort deftige Spezialitäten und ist bei Bedarf auch behilflich, die mundartlichen Überschriften der Speisekarte ins Hochdeutsche zu übersetzen.

Adresse 36129 Gersfeld (Rhön)-Sandberg | **ÖPNV** Rufbus 37 (Vorbestellung unter www.lng-fulda.de), Haltestelle Sandberg | **Anfahrt** ab Gersfeld/B 284 Richtung Mosbach, Parkplatz am Abzweig ausgeschildert | **Öffnungszeiten** ganzjährig zugänglich | **Tipp** Südlich des Moors steht direkt an der B 278 das Rhönhäuschen, ehemals hessisch-bayerische Grenzstation, heute uriger Gasthof.

53 Die kleinste Gemeinde

Eigenständig und schwarz

Hektik gibt es hier keine. Lärm schon gar nicht. Wo sollte der auch herkommen im hintersten Zipfel des Kohlbachtals? Rund um den Ort gibt es nur Wald und Felder, die einzige Zufahrtsstraße endet in einer Sackgasse, sofern man die Straßenverkehrsordnung ernst nimmt und einigermaßen Wert auf unversehrte Achsen legt.

Die Nachbarorte Zitters und Kranlucken gehören seit 1994 zu Schleid, das kleine Gerstengrund ist bisher jeder Eingemeindung entgangen. Zeitweise trug man stolz den Titel der drittkleinsten Gemeinde Thüringens und war sogar deutschlandweit in den Top 100 der selbst verwalteten Zwergenorte, aber durch den sagenhaften Bevölkerungszuwachs von 60 auf 69 Einwohner (15 Prozent!!) in den letzten zehn Jahren flog man aus dieser Liste leider heraus.

Ist aber nicht schlimm, denn es gibt ja noch andere Rekorde. Nach der Landtagswahl 1999 waren selbst überregionale Zeitungen an Gerstengrund interessiert. Denn sage und schreibe 100 Prozent der gut 40 Wahlberechtigten entschieden sich damals für die in der Rhön ohnehin recht populäre CDU. So gesehen muss man die darauffolgenden Wahlen ein christdemokratisches Debakel nennen: 2004 gab es zwei Stimmen für die FDP, 2009 sogar vier Abweichler, wovon einer auch noch für die Grünen gestimmt hat.

Höchstwahrscheinlich korreliert das Wahlverhalten der Gerstengrunder mit ihrer Entscheidung, sich 2012 eine komplett neue Dorfkirche zu bauen. In Zeiten von Austritten, Landflucht und dem generellen Bevölkerungsschwund im Osten eine kleine Sensation. Die Größe des Gotteshauses zeugt von Selbstbewusstsein, die geradlinige Bauweise von gutem Geschmack. Viele Menschen aus dem Dorf haben sich beim Neubau finanziell oder handwerklich eingebracht, das hat den Zusammenhalt der Bewohner noch verstärkt. Und dass man sich hier in entscheidenden Grundsätzlichkeiten des Lebens weitgehend einig ist, sieht man ja an den Wahlergebnissen …

Adresse 36419 Gerstengrund | **Anfahrt** Abzweig an der B 278 in Schleid Richtung Kranlucken und Zitters | **Tipp** Eine Wanderung auf den gegenüberliegenden Roßberg: Von der Kanzel gibt's den besten Blick auf Geisaer Amt und Kuppenrhön.

54__Das Schillerhaus

Kreativenasyl

Wenn ein Rechtsanwalt heute die Aufgabe hätte, den jungen Friedrich Schiller vor Gericht zu verteidigen, könnte er in schuldmindernder Absicht die schwierige Kindheit und Jugend des Dichters ins Feld führen. Häufige Umzüge, »Abhärtung« durch die Hand des Vaters, eine ungeliebte Ausbildung zum Militärarzt und ständiger Stress in den ersten Berufsjahren mit seinem obersten Dienstherrn, Herzog Carl Eugen von Württemberg. Der konnte nicht verknusen, dass sein Soldatendoktor ständig Theaterstücke schrieb. Und als einer seiner Räuber aus dem gleichnamigen Stück den Schweizer Kanton Graubünden als »Mekka aller Gauner« bezeichnete, herrschte endgültig dicke Luft zwischen Schiller und dem Herzog.

Mit 23 Jahren setzte sich der Literat ab. Durch seinen Studienfreund Wilhelm von Wolzogen kam er nach Bauerbach. Dort gewährte ihm Wilhelms Mutter Henriette, von der man heute wohl sagen würde, dass sie ein Fan des jungen Schreiberlings war, diskreten Unterschlupf. Unter dem Decknamen Dr. Ritter verbrachte Schiller fast acht Monate in dem ruhigen Dorf und nutzte die Zeit, um auf Hochtouren zu schreiben. »Kabale und Liebe« soll hier entstanden sein, »Don Carlos« und »Maria Stuart« wurden vorbereitet. Der Meininger Hofbibliothekar Wilhelm Reinwald versorgte den Literaturasylanten mit Büchern und lernte auf diesem Weg Schillers Schwester kennen, die er später heiratete. Der Dichter selbst soll ein Auge auf Charlotte, die Tochter des Hauses Wolzogen, geworfen haben, zu einer festen Beziehung kam es aber nicht. Tja, ein bisschen Soap-Opera gehörte schon damals dazu.

Das kleine Bauerbach ist stolz auf seinen großen Gast und widmet ihm heutzutage ein Museum und regelmäßige Aufführungen seiner Stücke im ortseigenen Naturtheater. Dann steht das ganze Dorf als Laienschauspieler auf der Bühne und hält das Andenken an die wilden Jahre 1782/83 aufrecht. Wie so ein kurzer Besuch doch nachwirken kann …

Adresse Friedrich-Schiller-Straße 1, 98617 Grabfeld-Bauerbach | **ÖPNV** Bus 406, Haltestelle Bauerbach | **Anfahrt** ab der A 71 Ausfahrt Meiningen-Süd, über Ritschenhausen oder über Mellrichstadt und Henneberg | **Öffnungszeiten** März–Okt. Di–So 11–15 Uhr | **Tipp** Fast nebenan liegt die Ruine von Burg Henneberg, Stammsitz einer Grafschaft, die sich im 14. Jahrhundert von Bad Salzungen bis Sonneberg, von Bad Kissingen bis Ilmenau erstreckte.

55_Die Langen Steine

Rätselhafte Riesen

Schön, dass es auch heutzutage noch Geheimnisse gibt, die wir nicht endgültig klären können. Die vier riesigen Quader hoch über dem Haunetal gehören ohne Zweifel dazu. Wahrscheinlich sind sie durch vulkanische Aktivität vor 20 Millionen Jahren an die Erdoberfläche gekommen, vielleicht sind sie aber auch ein Überbleibsel aus einem sehr viel jüngeren Steinbruch. Sicher ist, dass alles Unerklärliche die Phantasie unserer Ahnen beflügelt hat – und so ranken sich die wildesten Geschichten um die Kolosse im Wald.

Der Riese Mils, so heißt es, konnte mit Christen wenig anfangen und soll die Steine deswegen von seinem Wohnsitz auf der Milseburg nach den ersten Gläubigen geworfen haben. In anderen Sagen ist die Rede von einem Steinmetz, der aus dem Naturdenkmal Baumaterial machen wollte und sofort strafend vom Blitz getroffen wurde. In einer anderen Version dieser Geschichte war es ein Bauer, der die Steine für ein gutes Fundament seines künftigen Hauses hielt und zu Baubeginn ebenfalls eine Zurechtweisung per Blitz erfuhr.

Sicher ist, dass an dieser Stelle vor einigen hundert Jahren noch mehr von diesen Giganten aus weißem Buntsandstein lagen. Daraus entstanden Burgen und Kirchen in der Region, auch die Baumeister der Hersfelder Stiftsruine bedienten sich zu Füßen des Stoppelsberges.

Der längste der steinernen Vierlinge misst ganze elf Meter. Platz genug, um jede Menge Vornamen oder Initialen einzumeißeln, was natürlich verboten ist, aber nicht ganz neu. Schon im Jahre 1738 ließ Landgraf Friedrich I. von Hessen-Kassel sein Wappen in die Steine schlagen. Die einen behaupten, er habe sie durch diese Kennzeichnung vor dem weiteren Abbau schützen wollen, andere unterstellen, er wollte sie so als seinen Besitz kennzeichnen. Was auch immer die Wahrheit ist, Friedrich scheint als einer der wenigen, die Hand an die Steine legten, ohne tadelnden Blitz davongekommen zu sein.

Adresse 36166 Haunetal-Oberstoppel | ÖPNV Bus 384, Haltestelle Oberstoppel Burgruine | Anfahrt B 27, Abzweig Ober-/Unterstoppel, ausgeschildert am Ortsausgang Unterstoppel, Parkplatz direkt am Wald | Tipp Im Ortsteil Wehrda auf der anderen Seite des Haunetals gibt es drei Schlösser. Schloss Hohenwehrda ist heute ein Internat, das »Rote Schloss« und das »Gelbe Schloss« sind in Privatbesitz.

56 Die Bauernbarock-Kirche

Außen hui, innen blau

Normalerweise ist die Kirche von Odensachsen zu. Evangelisch eben. Aber ein Schild weist darauf hin, dass eine nette Dame aus dem Ort einen Schlüssel hat und das Dorfkirchlein gern zeigt. Nehmen Sie diese kleine Mühe auf sich und entdecken Sie eine Perle des osthessischen Bauernbarocks.

Das gesamte Holztonnengewölbe an der Decke strahlt in einem knalligen Blau, hier und da unterbrochen durch Wolken und christliche Motive. Freundlicher kann ein Gotteshaus kaum aussehen. Gustav Altmöller aus dem benachbarten Schenklengsfeld hat die Kirche in den Jahren 1740/41 mit seinen Malereien veredelt. Natürlich kann man über den künstlerischen Wert der Bauernmalerei diskutieren, aber falls sich ein Gottesdienst mal etwas in die Länge ziehen sollte, gibt's wenigstens genug zu sehen.

Abgesehen von der Decke macht die zweigeschossige Empore mächtig Eindruck. Für ein Dorf mit 180 Einwohnern wirkt sie fast ein bisschen überdimensioniert. Auf der Nordseite der ersten Etage verbirgt sich ein weiterer Schatz, den Sie vielleicht zu sehen bekommen, wenn Sie sich mit der netten Dame aus dem Ort gut stellen: ein Flügelaltar aus dem Jahr 1573. Im Vordergrund die Kreuzigung Christi auf dem Hügel Golgatha, im Hintergrund Jerusalem. Allerdings hatte der Maler das wirkliche Jerusalem noch nie gesehen und entschied sich deswegen kurzerhand für eine Darstellung des mittelalterlichen Bad Hersfeld. Durch diesen kleinen Kniff stellt das Triptychon die älteste bekannte Ansicht der Kreisstadt dar.

Noch ein Stockwerk weiter oben ist die original erhaltene Orgel zu bestaunen – mit wunderschön bemalten Frühbarockpfeifen. Auch wenn »Dorfkirche besichtigen« auf der Rock-'n'-Roll-Skala der Freizeitbeschäftigungen keinen vorderen Platz belegt, hier lohnt ein Stopp, und der Autor lässt sich hinreißen, die Wörter »Kleinod« und »Odensachsen« zur Neuschöpfung »Kleinodensachsen« zu fusionieren.

Adresse Am Kirchenring 2, 36166 Haunetal-Odensachsen | **ÖPNV** Bus 365, Haltestelle Odensachsen Linde | **Anfahrt** an der B 27 Hünfeld–Bad Hersfeld, Ausfahrt Odensachsen | **Öffnungszeiten** den Schlüssel zur Kirche erhält man bei der Küsterin im Dorf | **Tipp** In einer kleinen Werkstatt im Haunetaler Ortsteil Neukirchen baute Konrad Zuse den ersten kommerziell eingesetzten Computer der Welt. Das dazugehörige Museum steht in Hünfeld.

57_Das Mahnmal Bodesruh

Nachdenklichkeit in Beton

Laut Duden ist ein Denkmal eine »zum Gedächtnis an eine Person oder ein Ereignis errichtete, größere plastische Darstellung«. Keine Rede ist davon, dass so ein Monument schön sein muss, speziell wenn es um ein eher unerfreuliches Ereignis geht. Von daher erfüllt das Mahnmal Bodesruh seine Bestimmung auf ganzer Linie.

Mitten im Wald schießen zwei Betonstreben in die Höhe, kalt, wuchtig und abweisend wirkt die Konstruktion. Zwar sind die steinernen Pfeiler einander zugewandt, doch durch einen deutlichen Spalt getrennt. Der Hersfelder Architekt des Denkmals wollte durch diesen Aufbau die Situation der beiden deutschen Staaten während der Teilung versinnbildlichen. Fast filigran wirkt dagegen die Wendeltreppe, die den Besucher auf die Aussichtsplattform bringt. Und genau darum ging es bei der Eröffnung 1963: von oben einen Blick auf den menschgemachten Irrsinn zu werfen.

Kaum ein Dorf hat so sehr unter der innerdeutschen Grenze gelitten wie der heutige Heringer Stadtteil Kleinensee. Alle Zufahrtsstraßen in den hessischen Ort kamen vor der Teilung aus Thüringen, der einzige Ausgang Richtung Westen war ein holpriger Wirtschaftsweg durch den unwirtlichen Seulingswald. Als im Lauf der 50er Jahre klar wurde, dass die DDR keine vorübergehende Erscheinung war und an ihren Grenzen wenig Humor verstand, blieb nichts anderes übrig, als eine neue Zufahrt von hessischer Seite zu bauen. Und genau oberhalb dieser Straße fand man den idealen Standort für das Mahnmal Bodesruh.

Bei einem Besuch wird Ihnen die Silhouette Deutschlands auffallen, die an einem der beiden Sockel angebracht ist. Und möglicherweise auch das Gekröse auf dem Beton jenseits der Oder. Dort waren früher die deutschen Ostgebiete zu sehen, die mittlerweile zu Polen und Russland gehören. Die wurden 1990 aber diskret entfernt, nachdem sich die Politik zugunsten der Wiedervereinigung endgültig von Schlesien und Co. verabschiedet hatte.

Adresse Bodesruh, 36266 Heringen (Werra)-Kleinensee | **ÖPNV** Regionalbahn bis Wildeck-Hönebach, von dort aus mit dem Taxi oder zu Fuß in 30 Minuten | **Anfahrt** an der A 4 Ausfahrt Wildeck-Hönebach der Straße nach Heringen folgen, im Wald dann ausgeschildert | **Tipp** Von März bis Oktober kann der benachbarte Monte Kali bestiegen und besichtigt werden. Informationen gibt es unter www.kalimuseum.de.

58 Der Milseburgradweg

König der Rhönradwege

Trotz der vielen Berge ist die Region ein hervorragendes Revier zum Fahrradfahren. Wer die Steilheit der Anstiege prozentual in Grenzen halten will, sollte sich einen Weg aussuchen, der auf einer ehemaligen Bahntrasse verläuft. Beispielsweise durch das Solztal in Hessen, das Feldatal in Thüringen oder das Brendtal im fränkischen Teil der Rhön. Nachteil dieser Strecken: Sie sind keine Rundkurse, hin und zurück geht es auf demselben Weg.

Genau an dieser Stelle kommt Eckweisbach ins Spiel. Dieser Ortsteil von Hilders eignet sich perfekt für eine ausgedehnte Tour, die komplett ohne Wegdopplung auskommt. Der steilste Anstieg wartet gleich zu Beginn: Aus dem Ort hinaus über einen kleinen Pass nach Unterbernhards. Hier sind wir schon im Nüsttal – und dieser kleine Fluss begleitet uns rund 20 abwechslungsreiche und mühelose Kilometer bis zum Etappenziel Hünfeld. Dort empfiehlt sich eine kleine Stärkung, denn der nächste Abschnitt bis Almendorf erfordert mehr Anstrengung. Zwar nennt sich die Nummer »Haunetalradweg«, aber statt Haune gibt es einige Aufs und Abs neben der Bundesstraße.

Schließlich ist die Königin der rhönischen Radrouten erreicht, der Milseburgradweg. Vorbildlich ausgeschildert, gibt er sich auf den ersten Kilometern trügerisch einfach. Spätestens ab Langenbieber merken die Beine aber, dass sie gegen eine stetige Steigung anstrampeln, die im weiteren Verlauf noch brutaler wird. Mitten im Wald taucht er schließlich auf: der Milseburgtunnel, Deutschlands längste Radler-Röhre. Er ist zwar unbestritten das Highlight der Strecke, allerdings geht die Steigung innen drin immer weiter – und ein Päuschen bei konstant acht bis zehn Grad überlegt man sich zweimal. Wenn das Tageslicht wieder erreicht ist, geht es zum Ausgangspunkt nur noch bergab, und man fragt sich mit Wind im Haar, wie man eine halbe Stunde vorher noch über den Kauf eines E-Bikes nachdenken konnte.

Adresse Startpunkt Petersberg: Lehnerzer Straße, 36100 Petersberg; Startpunkt Hilders: Bahnhofstraße, 36115 Hilders | **ÖPNV** je nach Startpunkt Bus 90, Haltestelle Milseburgradweg oder ZOB Hilders, Anfang Mai–Anfang Okt. mit Fahrradanhänger | **Anfahrt** B 278, Abzweig nach Eckweisbach, für die beschriebene Rundroute empfiehlt es sich, das Auto dort am Friedhof abzustellen und aufs Rad umzusteigen | **Tipp** An den Wochenenden zwischen Mai und Oktober fährt zwischen Gersfeld und Fulda der RhönRadBus, der auch etliche Stationen des Milseburgradwegs abklappert.

59_Die Rhöner Botschaft

Konsultation wird empfohlen

Man nehme: einen Metzger mit Leib und Seele, einen großartigen Koch, einen kommunikativen Vater, herrliche Landschaft und ein leer stehendes Hotel. Könnte was werden, oder?

So richtig losgelegt haben die Leists im Jahr 2006. Neben ihrem Gasthof »Zur Sonne« mit der kleinen Metzgerei stand das große Hotel »Engel« zum Verkauf. Die Familie schlug zu und machte aus den zwei Häusern in der Ortsmitte von Hilders ein kleines Imperium für viele Geschmäcker. Bodenständige Gerichte mit hervorragendem Fleisch und vielen lokalen Zutaten werden in der urigen Gaststube der »Sonne« oder im modernen Restaurant »DasOx« serviert. Mittwoch bis Samstag öffnet zusätzlich »BjoernsOx«, ein Zimmerchen mit nur vier Tischen, aber umso mehr Gängen. Acht davon werden auf der kulinarischen Überraschungsreise serviert, Allergien oder Abneigungen bei der Reservierung abgefragt – und dann geht's los, ganz nach Björns Gusto.

Im Hotel stehen verschiedene Zimmer je nach Geschmack und Geldbeutel zur Wahl. Alle Gäste bekommen am Morgen das unglaubliche Brettchenfrühstück, bei dem aus einer schier endlosen Liste Zutaten ausgewählt werden können, die auf kleinen Schiefertafeln an den Tisch gebracht werden. Eine tolle Alternative zu den ewigen Frühstücksbuffets! Dienstags und freitags bietet die Rhöner Botschaft außerdem das Schinkenseminar an. Direkt in der Wurstküche tischt Ludwig Leist das gesamte Sortiment an Rind, Schwein, Lamm und Geflügel auf. Dieser Duft! Und der Geschmack!! Wie bei allem, was man hier an Fleisch isst, will man danach nie wieder das Pendant aus dem Supermarkt und eigentlich auch nicht mehr aus einer anderen Metzgerei. Apropos: In der »OxBox« direkt an der Marktstraße gibt es alle Leist'schen Spezialitäten auch für Nicht-Hausgäste zu kaufen. Sie werden mit einigen Kilos nach Hause kommen. Zuerst in der Tüte, dann auf der Hüfte. Versprochen.

Adresse Marktstraße 12, 36115 Hilders, www.rhoener-botschaft.de | **ÖPNV** Bus 21, 30 oder 32, Haltestelle ZOB Hilders | **Anfahrt** die B 278 führt direkt durch den Ort, dort in die Marktstraße abbiegen | **Öffnungszeiten** Zur Sonne: Mi–Sa 17–24 Uhr, So 8–14 und 15–24 Uhr; DasOx: Mi–Sa ab 18.30 Uhr | **Tipp** Spaß im Nass bietet das Freizeitbad Ulsterwelle. Etliche Fun-Elemente, aber auch ein klassisches Schwimmerbecken.

60__Die Oberbernhardser Höhe

Im Wald und auf der Heide

Es ist Sommer. Die Hitze flimmert über dem trockenen Boden, Falter flattern unkoordiniert umher, überall summt und zwitschert es. Die vielen Blumen sind ein wahres Paradies für Wildbienen, die Insektenvielfalt wiederum eine abwechslungsreiche Speisekarte für die Vögel.

Die kleine Kalkmagerrasen-Kuppe über dem Weiler Oberbernhards ist einer der schönsten Flecken der gesamten Region. Über den lichten Kiefern- und Wacholderbewuchs schweift der Blick zu Milseburg und Wasserkuppe. Wie viele dieser heideartigen Flächen ist auch die Oberbernhardser Höhe eine halbnatürliche Landschaft. Denn ohne Menschenhand und Schafsappetit stünde hier Wald. Heutzutage kümmern sich Naturschützer darum, dass sich vom Rand der Freifläche keine Gehölzarten ausbreiten, denn das Zuwuchern stellt für die wärmeliebenden Arten in diesem Lebensraum die größte Gefahr dar. Viele Pflanzen wie die Zypressen-Wolfsmilch, die Küchenschelle oder verschiedene Orchideenarten lieben es sonnenverwöhnt und mediterran, im Schatten eines größeren Baumes würden sie nicht gedeihen.

Der wahre Naturfreund erwandert sich das kleine Naturschutzgebiet natürlich. Ein besonders schöner Weg startet in Schackau, führt durchs Mambachtal immer bergauf, lässt das Westportal des Milseburgtunnels links liegen und erblickt nach einer längeren Waldquerung genau an der Oberbernhardser Höhe wieder das Licht der Sonne. Wer Lust und Zeit hat, dehnt die Wanderung über die Milseburg aus, die zwar nah ist, aber noch mal einen ganz schönen Anstieg erfordert. In der dortigen Hütte gibt es Erfrischungen und wöchentlich um 13 Uhr das Montagssingen, je nach persönlichem Geschmack hörens- oder schnell-weitergehenswert. Für den Rückmarsch bietet sich die Südflanke des Berges mit dem Weg durchs Biebertal und Kleinsassen an. Idyllische Täler, schroffe Berge und sonnige Magerrasen-Heide – mehr Rhön in ein paar Stunden geht nicht!

Adresse 36115 Hilders-Oberbernhards | **ÖPNV** Bus 31, Haltestelle Oberbernhards | **Anfahrt** B 278/B 458, Beschilderung »Milseburg« folgen, Parkplatz an der Milseburg ansteuern, von dort etwa 500 Meter nördlich über die L 3379 | **Tipp** Im ehemaligen Bahnhof Milseburg ist das »Rhöner Honigkuchen- und Wachsmuseum« untergebracht. Seltsame Kombination, Voranmeldung erbeten unter Tel. 06657/489.

61_Die Schönwetter-Gemeinde

Rundum sorglos

Urlaub in Deutschland liegt schwer im Trend. Allerdings reist hierzulande auch immer das Risiko mit, selbst im Hochsommer tagelang nass zu werden. Symptomatisch, dass sich das hässliche Verb »einregnen« in kaum eine andere Sprache übersetzen lässt. Aber wer seinen Urlaub in Hofbieber und seinen Ortsteilen verbringt, hat dahingehend nichts zu befürchten. Zwar verfügt auch diese Gemeinde nicht über einen Schamanen, der durch Tänze, Kerzenrituale oder Ambra-Räucherung Regenwolken zu vertreiben weiß, aber immerhin über eine Schönwettergarantie monetärer Art.

Und die ist präzise geregelt: Sollte es bei einem Aufenthalt von einer Woche an zwei Tagen zwischen Frühstück und Abendessen acht Stunden lang regnen, gibt es einen Urlaubstag geschenkt. Bei drei Regentagen sind es anderthalb Tage Kompensation, bei vier zwei und so weiter. Die verregneten Tage müssen nicht aufeinanderfolgen, Regenpausen unter 30 Minuten werden nicht als Unterbrechung gewertet. Ob es wirklich nass genug war für die Geld-zurück-Garantie, legt eine Schönwetterkommission fest, der neben Bürgermeister, Touristikern und Geschäftstreibenden auch ein verrenteter Meteorologe angehört.

Mehr als die Hälfte der Beherbergungsbetriebe in Hofbieber machen mit – und tatsächlich mussten sie in den vergangenen 20 Jahren viermal Gäste zu einem weiteren Aufenthalt einladen, weil es nicht aufhören wollte zu regnen. Die Schönwettergarantie ist gültig vom 1. Juni bis zum 15. Oktober eines jeden Jahres und wurde vom Leiter der Tourist-Information Klaus-Dieter Eckstein ins Leben gerufen. Ein verregneter Südtirol-Urlaub hat ihn auf diese Idee gebracht, die man natürlich auch einen PR-Gag nennen kann. Aber bis Hofbieber einen geeigneten Schamanen gefunden hat, ist das Schönwetterversprechen der beste Gäste-Trost, den man anbieten kann.

Adresse 36145 Hofbieber | ÖPNV Bus 20, 21 oder 22, Haltestelle Ortsmitte, Hofbieber | Anfahrt ab der A-7-Ausfahrt Fulda-Mitte etwa 15 Minuten, Achtung, viele Blitzer an der Strecke! | Tipp Der Barfußpfad nahe der Ortsmitte bietet an 18 Stationen sinnweckende Erlebnisse und für Kneippianer ein gepflegtes Wassertretbecken.

62__Das Malerdorf

Mekka der Pinselschwinger

Es muss eine bewegte Zeit gewesen sein, als sich etwa zwischen 1850 und dem Ersten Weltkrieg die bedeutendsten Maler ihrer Zeit in dem kleinen Rhöndorf tummelten. Sie kamen aus München, Düsseldorf, Weimar oder Dresden von den renommiertesten Akademien an den Fuß der Milseburg, angezogen von der (hier wörtlich zu nehmenden) malerischen Lage des Ortes.

Unter allen Künstlern, die im Laufe der Jahrhunderte im Malerdorf aktiv waren, nimmt Paul Klüber eine Sonderstellung ein. Denn nur er ist kein Import, sondern waschechter Kleinsassener. Sohn des Landbriefträgers sogar. Schon in der Schule fiel sein Talent auf, als er in der Pause anfing, Lehrer, Mitschüler und Landschaften zu zeichnen. Später führte ihn sein Weg kurz an die Kunstakademie nach Kassel, die Theorie sollte sich aber nicht als seine Stärke erweisen, schon bald zog es ihn zum Malen wieder in die Heimat zurück. Heute loben Kenner Klübers Technik, seine Ausdrucksstärke und die Leuchtkraft seiner Farben. Zu Lebzeiten allerdings musste er sich mit einfachen Auftragsarbeiten über Wasser halten, besonders gern wurde das Motiv »Rhöndistel« bei ihm geordert.

Paul Klüber wurde nur knapp 40 Jahre alt. 1944 verliert sich seine Spur an der Ostfront. Trotz seines kurzen Lebens hat er jede Menge Bilder hinterlassen. Anlässlich einer Ausstellung zum 80. Jahrestag seiner Geburt konnten mehr als 350 Werke aufgespürt werden. Auf vielen von ihnen zu sehen (neben der etwas unfreiwilligen Rhöndistel): die Milseburg, offensichtlich sein Lieblingsmotiv. Wer Klübers Werk genauer kennenlernen möchte, sollte den zwei Kilometer langen Malerrundweg in Kleinsassen ablaufen. Hier sind viele seiner Gemälde abgebildet und können an Ort und Stelle mit der Originalvorlage verglichen werden. Hübsch anzusehen ist auch das Geburtshaus, das paradoxerweise über den Stellbergweg besser zu erreichen ist als über die nach dem größten Sohn des Ortes benannte Paul-Klüber-Straße.

Adresse Kunstverein Kleinsassen e.V., Paul-Klüber-Straße 1, 36145 Hofbieber-Kleinsassen | **ÖPNV** Bus 31, Haltestelle Rhönringstraße | **Anfahrt** B 458, Abzweig nach Steinwand/ Kleinsassen, Parkplätze hinter der Kunststation, diese ist im Ort überall ausgeschildert | **Tipp** In der Kunststation finden ganzjährig Ausstellungen, Vernissagen und Kurse statt. Dazu gibt's ein sympathisches Café mit Bioprodukten.

63 Das Pfundsmuseum

Ausgewogen

40.000 Exponate auf 3.125 altfuldaischen Quadratfuß oder umgerechnet 250 Quadratmetern – schon diese Zahl schafft eine Vorstellung davon, wie es im Reich von Reinhardt Kremer aussieht: Gewichte, Ellen, Maße und Waagen vom Boden bis zur Decke, von modern bis antik. Die Sumerer waren wohl die ersten, die das Gewicht einer Ware beim Handeln anhand eines definierten Gegenstücks bestimmten. So eins liegt auch im Museum und ist circa 5.000 Jahre alt.

Um bei der Masse an Ausstellungsstücken die Übersicht nicht zu verlieren, hat Kremer seine pfundigen Schätze nach Berufsgruppen sortiert und nach Ländern gegliedert. Man muss keine Führung mitmachen, aber man sollte. Der schratige Besitzer mit den wachen Augen hat erstaunliche Anekdoten auf Lager, wenn es um die Geschichte der Gewichte geht. Nur auf zwei Fragen antwortet er nicht: Wo kommen seine Museumsstücke alle her und wo das Geld dafür? Er selbst kommt übrigens aus der Nähe von Tübingen, ist der Ruhe wegen nach Kleinsassen gekommen und wurde irgendwann von seinem Freundeskreis dazu überredet, seine Sammlung der Öffentlichkeit zu zeigen.

Dazu kaufte Kremer einen ehemaligen Gasthof und ließ ihn in sieben Museumsräume umwandeln. Mittlerweile hat der Herr der Zahlen und Skalen das Haus und die Exponate an einen Verein verschenkt, falls er irgendwann mal zu alt wird, sich um sein Lebenswerk selbst zu kümmern. Bis dahin sollten Sie ihm dringend einen Besuch abstatten und Kremers spitzbübische Freude miterleben, wenn er beispielsweise die absurd unterschiedlichen Berechnungsgrundlagen für Tributzahlungen während der deutschen Kleinstaaterei erklärt. Abgesehen davon macht es hier sogar Spaß, den Eintritt zu bezahlen. Das geht entweder pauschal oder – natürlich – gewogen. Ein Kilo Körpergewicht kostet vier Cent. Der Autor des Buchs fuhr nach dem Besuch verschiedener Rhöner Landgasthöfe mit der Pauschale besser.

Adresse Julius-von-Kreyfelt-Straße 1, 36145 Hofbieber-Kleinsassen | ÖPNV Mo–Fr Bus 31, am Wochenende Linie 90, Haltestelle Kleinsassen | Pkw B 458, Abzweig nach Steinwand/ Kleinsassen | Öffnungszeiten April–Okt. Mi–Fr 14–18 Uhr, Sa, So 10–18 Uhr; Nov.–März Fr 14–18 Uhr, Sa, So 10–18 Uhr, auch nach Vereinbarung | Tipp Die Steinwand zwischen Kleinsassen und Poppenhausen ist ein Paradies für Kletterer, Schwierigkeitsgrade 1–8. Mehr Informationen hält der Deutsche Alpenverein, Sektion Fulda, parat.

64_Der Früchteteppich

Kirchliches Tuttifrutti

Es ist mal wieder so eine Geschichte, die mit einer schlechten Nachricht anfängt und mit vielen guten aufhört. Als Sargenzell vor gut 40 Jahren ein neues Gotteshaus bekam, drohte dem alten, zu klein gewordenen Kirchlein der Abriss. Es sei denn, der Dorfgemeinschaft gelänge es auf irgendeine Weise, genügend Geld für den Unterhalt zusammenzubekommen.

Deswegen musste eine Idee her. Und die kam auch, und zwar aus Otterswang, Ortsteil von Bad Schussenried in Oberschwaben: ein Früchteteppich. Dazu werden in stundenlanger Kleinarbeit Früchte und vor allem Körner auf mehreren Spanplatten auf dem Boden der Kirche zu einem jährlich wechselnden christlichen Motiv arrangiert. Das fanden die Sargenzeller gut und machten sich 1988 erstmals ans Werk.

Mittlerweile sind sie wahre Profis in Sachen Körnerbildlegen. Geklebt werden nur die Konturen, dazu tunkt der Künstler einen Zahnstocher in Leim, nimmt ein Rapskorn auf und befestigt es an der vorgesehenen Stelle. Die großen Räume dazwischen werden mit farblich passenden Feldfrüchten aufgefüllt; Hirse gibt eine gute Gesichtsfarbe ab, Nachtkerze eignet sich für schwarze Haare und getrocknete Kornblume für stechend blaue Augen. Insgesamt hat der Teppich eine Größe von 26 Quadratmetern und wird von einer Künstlerin und etwa zehn Helfern gelegt. Beim Abbau werden die verwendeten Materialien alle wieder eingesammelt und so gut wie möglich zur Wiederverwertung im nächsten Jahr haltbar gemacht.

Mittlerweile kommen bis zu 60.000 Besucher, um das temporäre Kunstwerk in den ersten Herbstwochen zu bewundern. Ganze Busse werden vor der kleinen Kirche entladen, voll mit Menschen, die von Sargenzell davor wahrscheinlich noch nie etwas gehört hatten. Und das Ziel, genügend Geld für den Unterhalt der Dorfkirche zu sammeln, ist bereits übererfüllt. Meistens bleibt sogar noch so viel übrig, dass einiges für karitative Zwecke gespendet werden kann.

Adresse Alte Kirche, Salugoweg 1, 36088 Hünfeld-Sargenzell, www.fruechteteppich.de | ÖPNV Bus 73, Haltestelle Sargenzell Ortsmitte | Anfahrt Abzweig an der Straße von Hünfeld zur A 7, Kirche und Parkplätze im Ort beschildert | Öffnungszeiten Sept.–Okt. täglich 9–18 Uhr | Tipp Feines Essen bietet die Waldgaststätte Praforst neben dem gleichnamigen Golfclub. Nicht ganz billig, aber nach der Greenfee ist's auch egal.

65 Der Landrückentunnel

Osthessen hat den längsten

Romantisch war sie ja, die Bahnstrecke über Sterbfritz, Mottgers und Altengronau durch die hügelige Landschaft, wo Rhön und Spessart zusammentreffen. Allerdings hat sie die D-Züge und Intercitys im Fernverkehr auch viel Zeit gekostet. Deswegen begannen schon in den 1970er Jahren die ersten Diskussionen, den gesamten Abschnitt für eine Hochgeschwindigkeitsstrecke zwischen Fulda und Würzburg zu untertunneln. Im Lauf der Planungen wurden die Ein- und Ausfahrten immer wieder verschoben, die Tunnellänge wuchs bis zur Eröffnung 1988 von 8,8 auf 10,8 Kilometer.

Einige Menschen konnten sich in der Hochphase des Kalten Kriegs nicht vorstellen, dass 320 Millionen Mark verbuddelt werden, nur um den zivilen Eisenbahnverkehr zu beschleunigen. Sie vermuteten einen geheimen Stollen zu einem nahe gelegenen NATO-Munitionslagerplatz. Hierfür gibt es aber genauso wenig Beweise wie für das Gerücht, der ehemalige Fuldaer Oberbürgermeister Alfred Dregger habe in Bonn zugunsten seiner Heimatstadt gemauschelt. Als das ICE-Streckennetz in Deutschland geplant wurde, hatten auch Marburg und Gießen mit Verweis auf die vielen Studenten Interesse an einer Schnellbahn-Anbindung angemeldet. Rätselhafterweise machte die Kohl-Regierung aber das schwarze Fulda zum Bahnknotenpunkt, die Städte an der Lahn gingen leer aus.

Rund 30 Jahre nach Inbetriebnahme gelten die Sicherheitsvorkehrungen im Landrückentunnel nicht mehr als die modernsten. Die Katastrophenschützer beim zuständigen Regierungspräsidium Kassel bemängeln, dass es auf fast acht Kilometern Länge keinen Notausgang gibt, außerdem sind Hochgeschwindigkeitstunnel mit Gegenverkehr in derselben Röhre heutzutage unüblich. Aber jede bauliche Veränderung würde schnell in die Millionen gehen und Sperrungen bedeuten. Und ICEs, die regelmäßig wieder durch Sterbfritz, Mottgers und Altengronau zuckeln, sind wirklich nur schwer vorstellbar.

Adresse Berghäuschen, 36148 Kalbach-Mittelkalbach | **ÖPNV** von innen: alle ICEs zwischen Würzburg und Fulda; von außen: Bus 52, Haltestelle Mittelkalbach Veitsteinbacher Straße | **Anfahrt** A 66, Ausfahrt Neuhof-Süd, Richtung Kalbach, die Rettungszufahrt zum Nordportal zweigt von der K 77 zwischen Mittelkalbach und Veitsteinbach ab, bitte auf »Betreten verboten«-Schilder achten | **Tipp** Oberhalb des Ortsteils Oberkalbach steht die größte Solaranlage im Kreis Fulda. 34 drehbare Sonnensegel in der Größe einer Drei-Zimmer-Wohnung versorgen rund 130 Haushalte mit Strom.

66__Die brutale Brücke

Viel, viel Beton

Oft profitiert ein Ort davon, dass er direkt an der Autobahn liegt (siehe Ort 68). In Uttrichshausen ist der Fall etwas anders gelagert, da es leider nicht *an*, sondern *unter* der A7 liegt. Seit den 1960er Jahren zerschneidet eine Betonbalkenbrücke das Dorf recht rüde in etwa zwei gleich große Teile. Die nächste (legale) Auffahrt befindet sich zwölf Kilometer entfernt, weswegen die Menschen hier kaum von den Reisenden profitieren, die 30 Meter über ihren Köpfen nord- oder südwärts preschen.

Immerhin gibt es in jeder Fahrtrichtung eine Raststätte, die nach Uttrichshausen benannt ist. Und so was sorgt ja immer für Schlagzeilen. 1990 zum Beispiel, als hier die erste McDonald's-Filiale an einer deutschen Autobahn eröffnet wurde. Oder 2015 bei einer Massenschlägerei zwischen etwa 100 Fußballanhängern, die gegenseitig kein Verständnis dafür aufbrachten, wie man Fan von Werder Bremen oder dem VfL Wolfsburg sein kann.

An das Beton-Ungetüm haben sich die Menschen gewöhnt und auch an die Tatsache, dass man im Verkehrsservice immer nur erwähnt wird, wenn es mal wieder gekracht hat. Aktuell geht im Ort die Sorge um, dass es noch lauter werden könnte, wenn oben an der Rastanlage neue Lkw-Parkplätze entstehen. Bis zu 160 könnten es insgesamt werden, wenige 100 Meter nur von der Wohnbebauung entfernt. Außerdem ist immer noch nicht klar, inwiefern die geplante Stromtrasse SuedLink das Dorf tangieren wird. In den schlimmsten Szenarien war von einer Hochspannungsleitung die Rede, die den Ort in der doppelten Höhe der Autobahnbrücke überspannen würde. Mittlerweile sieht es eher nach einer unterirdischen Lösung mit Erdkabel-Korridoren aus.

Eigentlich liegt Uttrichshausen im Naturpark Hessische Rhön, wo laut Satzung »eine dauerhaft umweltgerechte Landnutzung angestrebt wird«. Von Betonbrücken, Lkw-Parkplätzen und Stromtrassen ist dort nichts zu lesen.

Adresse Talbrückenstraße, 36148 Kalbach-Uttrichshausen | **ÖPNV** Bus 42, Haltestelle Uttrichshausen Feuerwehrhaus | **Anfahrt** B 27, Abzweig nach Uttrichshausen in Döllbach, Brücke in der Ortsdurchfahrt nicht zu übersehen | **Tipp** Trotz Autobahn und Lasterabstellfläche besteht die Gemeinde Kalbach zu 87 Prozent aus Wald und Feldern. Mit einer Höhenlage zwischen 280 und 658 Metern ein hervorragendes Wanderrevier.

67 Die Rhönbrauerei

Gerstensaftvielfalt

Dass die Rhönbrauerei in Kaltennordheim heute noch existiert, ist eigentlich ein kleines Wunder. Seit mehr als 140 Jahren widmet sich die Familie ihren Bierspezialitäten und musste vom Großherzogtum Sachsen-Weimar-Eisenach bis in die bundesrepublikanische Nachwendezeit viele politische Launen ertragen.

Am heftigsten hat die Bierproduktion im oberen Feldatal zu DDR-Zeiten gelitten. 1972 wurde der letzte Rest der Brauerei verstaatlicht, in einen Volkseigenen Betrieb umgewandelt – und fortan von Menschen geführt, die vom Brauen arg wenig Ahnung hatten. Juniorchef Julian Reukauf schämt sich heute für den Geschmack der Biere aus der damaligen Zeit, der hauptsächlich auf die mangelhaften Zutaten zurückzuführen war. Die gute Gerste wurde gegen Devisen in den Westen verkauft, die schlechte – oft sogar unvermalzt – war für die Kehlen im Arbeiter-und-Bauern-Staat bestimmt. Reukaufs Mutter war unter den SED-Herren als Laborantin weiterhin im Betrieb und durfte den Laden ihrer Vorfahren nach der Wende zurückkaufen. Jawohl, kaufen, denn die Treuhand sah in den mageren Investitionen der DDR einen Zugewinn, der finanziell ausgeglichen werden musste.

Heute schlägt in den rustikalen Gebäuden ein modernes Herz. Vom Edelstahltank bis zur Abfüllanlage ist alles neu – und wird von Reukauf junior den Besuchern gern präsentiert. Zwischen dem ganzen Hightech für 16 verschiedene Sorten sind aber auch immer wieder Gerätschaften aus der Vergangenheit zu bewundern, die der Großvater vor der Verstaatlichung gerettet hat. Die Führung kostet acht Euro und dauert eine Stunde, eine großzügige Verkostung im ehemaligen Aufenthaltsraum der Brauer ist im Preis inbegriffen. Und wenn nach ein, zwei Gläsern die Stimmung steigt, hat Julian Reukauf in den Räumen rechts und links des kleinen Saals noch zwei echte Pointen auf Lager. Aber die sollen hier nicht verraten werden, erleben Sie es einfach selbst.

Adresse Rhönbrauerei Dittmar, Fuldaer Straße 6, 36452 Kaltennordheim, www.rhoenbrauerei.de | **ÖPNV** Bus 411, Haltestelle Bahnhof | **Anfahrt** in der scharfen Kurve der B 285 in die Fuldaer Straße abbiegen, Parkplätze beschildert | **Öffnungszeiten** Führungen ab 10 Personen Mo–Sa 10–18 Uhr, bitte anmelden | **Tipp** Nicht von der tristen Ortsdurchfahrt über die Bundesstraße täuschen lassen. Der eigentliche Stadtkern liegt östlich davon und ist recht schmuck anzusehen.

68_Das Autobahndorf

Die lieben die A 7

Wenn sich zwei der meistbefahrenen Autobahnen in Steinwurfentfernung von der Ortsmitte kreuzen, kann man sich entweder jeden Tag über Lärm, Gestank und unrühmliche Erwähnung beim Verkehrsservice im Radio ärgern – oder man macht es wie Kirchheim. Kaum ein Ort in Deutschland hat so sehr von seiner Fernstraßennähe profitiert wie die namensgebende Gemeinde des bundesweit berüchtigten Autobahndreiecks.

Auf dem Luftbild erkennt man es besonders gut: Fast die Hälfte der Fläche Kirchheims geht für Tankstellen, Schnellrestaurants und Outlet-Center drauf. Schön ist das nicht, aber lukrativ. 180.000 Übernachtungen pro Jahr in einem Dorf mit rund 2.000 Einwohnern (die eingemeindeten Ortsteile hat der Autor zum Zwecke der Erstaunensvergrößerung abgezogen), das ist ein echter Wirtschaftsfaktor. Dem Ort kommt dabei zugute, dass er auf halber Strecke zwischen Skandinavien und den Alpen liegt. Wenn Dänen und Schweden Ferien haben, ist in Kirchheim Hauptsaison. Ein bisschen hat der Boom allerdings nachgelassen, seit die Nordlichter die A 9 durch die neuen Bundesländer für sich entdeckt haben.

Früher waren manche Betriebe schneller im Bau, als überhaupt eine Genehmigung dafür erteilt werden konnte. Heute bremst der Regionalplan das weitere Wachstum aus. Der achtet humorlos auf die Relation zwischen Einwohnerzahl und Gewerbeansiedlung – und macht auch beim »Autobahndorf« keine Ausnahmen. Dabei haben sich die Kirchheimer virtuos daran gewöhnt, von und mit A 7 und A 4 zu leben. Sogar so weit, dass es in der Beschreibung des 1967 modifizierten Gemeindewappens heißt: »In Grün unter einem durch Tannenschnitt abgeteilten goldenen Schildhaupt eine erniedrigte schrägrechte Doppelbahn mit grünem Trennungsstreifen«. Und was sonst sollte die schrägrechte Doppelbahn mit grünem Trennungsstreifen in der ortsspezifischen Heraldik symbolisieren als – die Autobahn?

Adresse Hauptstraße, 36275 Kirchheim | **ÖPNV** Bus 380 oder 470, Haltestelle Feuerwehr | **Anfahrt** direkt an der Kreuzung von A 4 und A 7 | **Tipp** Ein Dorado für Wakeboarder und Wasserskifahrer ist der kleine Ibrastausee mit einer fest installierten Zuganlage.

69_Das Andreas-Fack-Haus

Ein Lied kann eine Brücke sein

Gar nicht einfach, einer Region eine Identität zu geben. Die Ausdehnung über drei Bundesländer und die jahrzehntelange Trennung durch den Eisernen Vorhang lassen die Rhön heterogener wirken als andere Mittelgebirge Deutschlands. Gut, dass es die Musik gibt. Denn gesungen wird überall – und auf ein gemeinsames Lied hat man sich schon früh länderübergreifend geeinigt.

»Ich weiß basaltene Bergeshöhn« – wenn es so erklingt, weiß jedes Kind: Jetzt kommt das Rhönlied. Geschrieben 1912 von Andreas Fack, einem kahlköpfigen Mann mit stolzem Schnurrbart. Und ein echter Rhöner: gebürtig aus Merkers, später tätig als Lehrer in Kaltennordheim. Ein Wandervogel soll er gewesen sein und ein Zechbruder noch dazu, denn zur Entstehung des Lieds geht folgende Geschichte: Fack soll seine Zeilen eines Sommerabends den Stammtischbrüdern im Hotel zum Hirsch präsentiert haben. Diese waren begeistert und machten sich unter großen Mengen des lokalen Bieres mit einem Klavierspieler gleich an die Vertonung. Dummerweise hatte der Pianist offenbar eine Hopfenkaltschale zu viel, jedenfalls war die Komposition am nächsten Tag verschwunden. Fack und seine Mannen kümmerten sich am Folgeabend um die Rekonstruktion der Melodie – und so erklingt das Rhönlied bei Festen und in den Schulen bis heute, egal, ob in Thüringen, Bayern oder Hessen.

Heute trägt eine Schule in Kaltennordheim den Namen von Andreas Fack, seine Wohnung in der Bebelstraße ist mit einer Gedenktafel versehen. Der Zustand seines Geburtshauses in Merkers ist leider desolat, der Krayenberggemeinde fehlen die Mittel für eine umfassende Renovierung. Wie wäre es mit einer Art Sonder-GEMA zur Erhaltung der kleinen Fachwerkbude an der B 62? Sobald jemand in der Rhön sein Lied anstimmt, wandert ein Euro in die Erhaltung des Andreas-Fack-Hauses. Bei der Beliebtheit seiner Weise käme so garantiert schnell genügend Geld zusammen!

Adresse Merkerser Straße, 36460 Merkers-Kieselbach | **ÖPNV** Bus 100, Haltestelle Merkers Post | **Anfahrt** direkt an der B 62 an der Ortsdurchfahrt | **Öffnungszeiten** nur von außen zu besichtigen | **Tipp** Eine Rundfahrt in 500 Metern Tiefe bietet das Erlebnisbergwerk Merkers. Der größte untertägige Schaufelradbagger und die Kristallgrotte sind den happigen Eintrittspreis wert.

70__Das Miniaturland Fulda

Kleine Züge, große Augen!

In einer unscheinbaren Halle haben Jürgen und Michelle Hartmann ihre eigene Welt geschaffen. Alles blinkt, funkelt, rattert, zischt und bewegt sich. Und es steckt so viel Liebe zum Detail in dieser Anlage, dass nicht die Züge, sondern die vielen Alltagsszenen zum heimlichen Star der Modelleisenbahnwelt werden. Überall können die Besucher per Knopfdruck winzige Figuren in Bewegung setzen, hier einen Bauarbeiter mit Presslufthammer, dort die Bühnenperformance bei einem Popkonzert – und immer wieder ist es unglaublich, dass diese filigrane Technik funktioniert. Streng genommen ist die Anlage nach Epochen gegliedert, das fällt aber kaum auf, weil man nach kurzer Zeit nur noch damit beschäftigt ist, das nächste Detail Hartmann'schen Humors zu suchen. Eine Weihnachtsmann-Demo in der Winterlandschaft, erotischer Stangentanz oder eine Miniatur-Peepshow in Erwachsenen-Augenhöhe, von frech bis frivol ist so einiges dabei.

Angefangen hat alles im privaten Keller, wie bei den meisten Fans der Modelleisenbahn. Irgendwann fiel den Hartmanns dann auf, dass die Region gut ein Allwetterangebot für Familien gebrauchen könnte und dass sich die Stärken der Ehepartner hierfür wunderbar ergänzen. Jürgen kümmert sich überwiegend um den technischen Teil, Michelle um den Landschaftsbau. Mittlerweile ist die 500 Quadratmeter große Halle durch die Anlage gut ausgefüllt, seit der Eröffnung 2007 sind immer wieder neue Teile entstanden und die bestehenden perfektioniert worden. Die sorgfältig ausgesuchten Hintergrundbilder einer britischen Künstlerin geben den Räumen eine besondere Größe und lassen die Szenerie nicht abrupt an der Hallenwand enden.

Es empfiehlt sich, für diese Anlage viel Zeit mitzubringen und bei entsprechender optischer Beeinträchtigung eine Lesebrille. Damit Sie auch keine Finesse dieses plastischen Wimmelbilds im H0-Format verpassen. Es wäre schade drum.

Adresse Johann-Friedrich-Böttger-Straße 2, 36093 Künzell | **ÖPNV** Bus 5, Haltestelle Bachrain-Sportplatz | **Anfahrt** B 27, Ausfahrt Künzell, immer die Turmstraße bergauf, Abzweig ist ausgeschildert | **Öffnungszeiten** Do–Fr 14–18 Uhr, Sa und So 14–17 Uhr | **Tipp** Wellness-Weltreise gefällig? Die Sieben-Welten-Therme macht mit ihren unterschiedlich gestalteten Wohlfühlbereichen aus einem einzigen Tag einen ganzen Urlaub.

71__Das Café Vertiko

Antikes und Delikates

Gar nicht so einfach, »Gemütlichkeit« genau zu definieren. Anderen Sprachen gelingt es noch schlechter als unserer, deswegen greifen sie teilweise auf das deutsche Wort zurück. Anschauen ist auf jeden Fall einfacher als beschreiben, daher ist ein Stopp im wahrscheinlich gemütlichsten Café der Rhön dringend zu empfehlen.

Außerdem bietet das »Vertiko« eine Besonderheit: Nahezu alles, was in den puppenstubenartigen Gasträumen steht oder hängt, kann gekauft werden. Von den Kommoden über die Tische und Stühle bis hin zu den unzähligen Wanduhren oder Lampen – wenn Sie das Gefühl haben, eines dieser Stücke würde sich bei Ihnen zu Hause gut machen, einfach Jens Schaufuß fragen. Er ist der Herr des Antiquitätencafés und kennt die Historie aller Möbel und Accessoires.

Das Talent für die Restaurierung der alten Schätze hat der Besitzer von seinem Opa geerbt. Irgendwann hatte er dann genug von seinem eigentlichen Job als Bauzeichner, ist von Greiz in die Rhön gezogen und hat die Hälfte eines Hofs in der Ortsmitte von Dietershausen gekauft. Unter der Woche bringt er in der Scheune Einrichtungsgegenstände mit Geschichte auf Vordermann, freitags, samstags und sonntags macht er im Café und auf der Terrasse Süßschnäbel glücklich.

Weit über die Gemeindegrenzen von Künzell hinaus hört man die Menschen von Schaufuß' Backkünsten schwärmen. 70 Kuchen- und Tortenrezepte hat er sich selbst draufgeschafft, die beliebtesten davon zaubert er jedes Wochenende für seine Gäste. An einem sonnigen Sonntagnachmittag noch einen Platz zu ergattern ist pures Glück. Auch wenn Dietershausen nicht zu den touristischen Hotspots der Rhön zählt, ist die Lage doch optimal, um Ausflügler auf dem Nachhauseweg mit Kalorienbomben zu versorgen. Und wundern Sie sich nicht, wenn Sie plötzlich noch eine antike Uhr im Kofferraum haben. Bei manch restauriertem Kunstwerk kann man einfach nicht Nein sagen.

Adresse Hauptstraße 10, 36093 Künzell-Dietershausen | **ÖPNV** Bus 35, Haltestelle Dietershausen Ortsmitte | **Anfahrt** A 7 Ausfahrt Fulda-Mitte, B 458, Abzweig bei Dipperz, Café liegt direkt im Ort, einige Parkplätze im Hof, mehr hinterm Haus | **Öffnungszeiten** Fr–So 14–18 Uhr | **Tipp** Mit einer kleinen Wanderung zur nahen Haunequelle ist der halbe Kuchen wieder abtrainiert. Mit 66 Kilometern immerhin einer der längsten Flüsse Osthessens.

72_Das Rohrbachtal

Hier ist noch Platz

Weite. Schwer zu finden in einem Land wie Deutschland, wo sich auf einem Quadratkilometer im Schnitt 229 Einwohner tummeln. Dennoch gibt es sie auch bei uns – diese Regionen, in denen mehr Bäume und Kühe als Menschen zu leben scheinen, in denen der Blick kilometerweit schweifen kann, ohne auch nur ein Anzeichen menschlicher Zivilisation zu entdecken.

Ludwigsau ist so eine Gegend. Die Gemeinde ist flächenmäßig größer als Gießen, Fulda oder Kassel, aber gerade mal 5.500 Menschen wohnen hier. Rund die Hälfte davon nahe der Fulda, je tiefer es in die Täler von Rohrbach, Biedebach oder Beise geht, desto menschenleerer wird die Landschaft. Hier, in den Ausläufern von Seulingswald und Knüllgebirge, wird klar, warum sich der Kreis Hersfeld-Rotenburg touristisch als »Waldhessen« vermarktet. Wobei Vermarktung die Sache etwas zu professionell erscheinen lässt. Auf der Homepage der Region heißt es: »Die Tourismusförderung arbeitet sukzessive, jedoch mit begrenzten Kapazitäten an der Neustrukturierung und Aktualisierung dieser Website«, im Internetauftritt der Gemeinde kommt eine mögliche Gästebeherbergung gar nicht vor.

Schade drum, denn in puncto Schönheit kann sich Ludwigsau durchaus mit Sauerland, Odenwald oder Eifel messen. Aber solange die touristische Infrastruktur fehlt, geht genießen nur im Durchfahren. Einen besonderen Reiz hat das auf zwei Rädern. Zum Beispiel über die kurvige Straße zwischen Niederthalhausen und Rotenburg, kilometerlang führt sie durch den Wald – endlich mal niemand da, der sich an einem aufheulenden Motor stören würde. Und die Richtung stimmt, denn im benachbarten Bebra-Weiterode hat sich das Hotel Sonnenblick auf Motorrad-Gäste spezialisiert. Und so muss man in Waldhessen eben manchmal etwas flexibel sein: Landschaft genießen in Ludwigsau, schlemmen und schlafen in Bebra, aber ein bisschen fahren hat ja noch keinen Biker gestört.

Adresse 36251 Ludwigsau | **ÖPNV** Bus 320, Haltestelle Ludwigsau-Niederthalhausen | **Anfahrt** Friedlos und Mecklar liegen an der B 27, für den Rest der Gemeinde dem Abzweig an der Bundesstraße mit der Beschilderung »Homberg / Efze« folgen | **Tipp** Ein schönes Fotomotiv ist Schloss Ludwigseck zwischen Beenhausen und Sterkelshausen (da Privatbesitz, leider nur von außen).

73 Das alte Knasthaus

Gruseln mit Komfort

Schön sind die beiden Städte, die den westlichen und den östlichen Vorposten zur Rhön bilden. Fulda sowieso – von den Zuschauern des hr-Fernsehens 2012 zur sehenswertesten Stadt des ganzen Bundeslandes gewählt –, aber auch Meiningen hat sich seit der Wende mächtig herausgeputzt. Manche Nebenstraße der Altstadt allerdings atmet noch den Geist von Honeckers untergegangener Republik, hier ein wenig Platte, dort ein bisschen Leerstand, abseits der Touristenströme wirkt manche Ecke noch etwas zerrupft.

Umso erfreulicher, dass ein wuchtiges Gebäudeensemble am südlichen Rand des Stadtkerns eine neue Bestimmung gefunden hat. Wo früher unter unerfreulichen Bedingungen Haftstrafen abgebrummt wurden, lässt es sich heute bequem schlafen. Alle 39 Zimmer der Fronveste, dem 1879 errichteten Backsteinbau, wurden in die Originalgrundrisse der Zellen gebaut und sind daher naturgemäß nicht besonders groß. Aus Platzgründen wird in den Zweibettzimmern teilweise übereinander geschlafen, aber wer echtes Knastfeeling haben will, kriegt halt kein Kingsize-Bett. Für diesen kleinen Mangel an Komfort entschädigen die schicken Bäder.

Ja, ein bisschen mulmig wird's einem schon in dem langen Gang, von dem in kurzen Abständen die Zellentüren abgehen, vor allem, wenn man sich vor Augen hält, dass der Kasten bis 1963 noch zum Wegsperren diente, zuletzt als Untersuchungsgefängnis der russischen Besatzungsmacht. Ein willkommener Kontrast zu den Gruseligkeiten im Inneren des alten Backsteinkastens ist das Skyline-Restaurant »Monte Christo«, das dem ehemaligen Zuchthaus einfach aufs Dach gesetzt wurde. Mit viel Glas und einer offenen Küche schmaust es sich hier luftiger und aussichtsreicher als sonst wo in der südthüringischen Theaterstadt. Genießen Sie das Panorama und schließen Sie es in Ihre Erinnerung ein. Denn die Nacht kommt früh genug – und dann geht's zurück in die Zelle, die Gott sei Dank auch einen Türgriff von innen hat.

Adresse Fronveste, An der Oberen Mauer 1–3, 98617 Meiningen | ÖPNV alle Stadtbuslinien, Haltestelle Sachsenstraße | Anfahrt Zufahrt ab dem Abzweig an der B 19 über Untere Kaplaneistraße und Freitagsgasse | Tipp Im Hinterhof der Georgstraße 20 steht das älteste Fachwerkhaus der Stadt: Das Büchnersche Hinterhaus hat den großen Brand von 1874 überlebt und ist mit seinem grünen Fachwerk sehr, sehr schön.

74__Die Goetz-Höhle

Tiefe Risse unterm Lustgarten

Über dem Meininger Werratal liegt die größte begehbare Kluft- und Spaltenhöhle Europas. Höhlen dieses Typs entstehen durch Hangrutsche oder Erdbeben, im Fall der Goetz-Höhle hat sich der Muschelkalk vor etwa 25.000 Jahren hangabwärts in Bewegung gesetzt. Dadurch bildeten sich Spalten, die zwar schmal, aber außergewöhnlich hoch sind. Der Star der Goetz-Höhle ist Spalte Nummer drei, mit einer Höhe von über 50 Metern würde sogar ein Turm der Meininger Stadtkirche hineinpassen.

Touristisch haben die Kluften und Spalten über der Werra zwischen 1970 und 2000 ein längeres Schläfchen eingelegt. Angeblich hatte die DDR Sorge, dass ein Gesteinsabbruch Besucher verletzen könnte. Der wahre Grund war aber wohl eher die Angst, dass ein unterirdischer Gang bis in den Westen angelegt werden könnte – bei einer Strecke von etwa 15 Kilometern ein mehr als sportliches Vorhaben. Durch die Schließung endete auch die medizinische Nutzung der Höhle, in den Jahren davor waren röchelnde Kinder aus den Braunkohlegebieten Ostdeutschlands zur Frischluftkur in die Grotte geschickt worden.

Benannt ist die Goetz-Höhle nach ihrem Entdecker, dem Meininger Kaufmann Reinhold Goetz. Er war 1915 beim Bau seines Bergparks auf eine größere Öffnung gestoßen und veranlasste daraufhin den Bau mehrerer Stollen. Nach seinem Tod trieb der Thüringer Höhlenverein die Erschließung weiter voran, im Jahr 1934 wurde das Labyrinth im Berg feierlich eröffnet. Tipp: Wenn Sie nach der Besichtigung wieder im Tageslicht angekommen sind, bitten Sie Ihren Führer noch um einen kurzen Bummel durch Goetz' ehemaligen Bergpark. Dort ist zwar mittlerweile alles zugewuchert, aber die Dimension des Lustgartens lässt sich immer noch erahnen. Der größte Lustgewinn für DDR-Bürger ist am höchsten Punkt des Parks auch heute noch zu bewundern: eine selbst gebaute, meterhohe Antenne, die die Stadt im Tal heimlich mit Westfernsehen versorgt hat.

Adresse Am Dietrich 2, 98617 Meiningen | **ÖPNV** Bus 408, Haltestelle Feierabendheim | **Anfahrt** Abzweig an der B 19, südlich der Altstadt ausgeschildert | **Öffnungszeiten** zur Zeit nur Gruppenführungen möglich, Kontakt über Tourist-Information Meiningen unter Tel. 03693/44650 | **Tipp** Ein spannendes Gebäude in der Innenstadt ist das ehemalige Stadtbad, mittlerweile zur Turnhalle umgebaut. Wunderschönes Jugendstilfenster zur Werra-Seite.

75_Die Theaterkulissen

Geheimnislüfterei

»Alles ist nur Theater und ist doch auch Wirklichkeit, Theater – das Tor zur Phantasie …«, so hieß es einst bei Katja Ebstein in ihrem Schlager, der sich um Rollenspiel, Maskerade und die perfekte Illusion drehte. Einen Einblick, wie die Macher den Zuschauer in die Traumwelt hineinziehen, gibt es in diesem Museum – wahrscheinlich einmalig auf der Welt.

Und mal wieder ist es Georg II. von Sachsen-Meiningen, dem die Stadt dieses kulturelle Erbe verdankt. Er, der »Theaterherzog«, legte durch seine Begeisterung für das Genre den Grundstein für das wegweisende Schauspielensemble am Hoftheater. Und mischte dabei selbst fröhlich mit: Der Herzog führte Regie, entwarf Kostüme und Kulissen. Und weil die kleine Stadt an der Werra schon damals zu eng für die große Kunst war, gingen die Meininger auf Tournee. Von Amsterdam bis Sankt Petersburg, von Stockholm bis Triest reisten Darsteller und Equipment im letzten Drittel des 19. Jahrhunderts quer durch Europa.

Die historischen Bühnenbilder sind bis heute zu bewundern. Jedes Jahr im Winter wird ein neues aus dem Lager geholt und aufgebaut. 2016 war es eine Kulisse aus der »Piccolomini«, dem zweiten Teil von Schillers Wallenstein-Trilogie. Unglaublich, wie dreidimensional die gemalte Decke des Bankettsaals zwischen den verschiedenen Kulissenbögen aussieht; ein wahres Meisterwerk aus der Coburger Theaterwerkstatt von Max und Gotthold Brückner, damals die besten auf diesem Gebiet und enge Vertraute von Georg II. 2017 geht es in die Natur – zur Schlacht bei Fehrbellin aus Kleists »Prinz Friedrich von Homburg«. Ohne Schauspiel, aber mit einem professionellen Hörspiel und gekonnten Lichteffekten werden die Kulissen wieder zum Leben erweckt. Dazu gibt es bei jeder Präsentation eine kurze Einführung in das Stück und natürlich die obligatorische Huldigung des verehrten Theaterherzogs. Anschauen lohnt sich. Und zwar jedes Jahr mindestens ein Mal.

Adresse Theatermuseum, Schloßplatz 2, 98617 Meiningen | **ÖPNV** Bus 402, 403, 404, 405 und 408, Haltestelle Klostergasse | **Anfahrt** A 71, Ausfahrt Meiningen-Nord, über B 19 in die Stadt, dort Beschilderung »Schloss« folgen, Parkplätze neben der Volkshochschule | **Öffnungszeiten** Präsentationen Di–So jeweils 10, 12, 14 und 16 Uhr | **Tipp** Zu einem Ausflug nach Meiningen gehört auf jeden Fall eine Thüringer Rostbratwurst. An zwei herrlich duftenden Ständen auf dem Marktplatz kommt man kaum vorbei.

76 Das Dorf hinterm Pass

Warum Bayern?

Auf den ersten Blick könnte man sagen, die Grenzen zwischen den drei beteiligten Rhön-Bundesländern seien fair gezogen. Hessen hat den höchsten Berg (Wasserkuppe), Bayern den möglicherweise schönsten (Kreuzberg) und Thüringen das höchstgelegene Dorf (Frankenheim).

Bei genauerem Hinsehen allerdings legt sich die Stirn des Geografen in nachdenkliche Kräuselfalten. Motten! Weswegen bitte schön gehörst du zu Bayern? Fließt doch dein Döllbach in die Weser, was sonst kein anderes Gewässer des Freistaats tut. Und bist du doch nur über eine kurvige Passstraße mit dem Bundesland verbunden, das für dich verantwortlich ist. Viel einfacher ist der Weg nach Fulda, zu dessen Hochstift das Dorf früher auch gehörte, aber dann schüttelte der Wiener Kongress 1815 Europa einmal gut durch und hinterließ im äußersten Norden des Königreichs Bayern eine ziemlich unlogische Grenzziehung.

Zumindest konnte sich die entlegene Gemeinde nicht über mangelnde Aufmerksamkeit ihres frisch zuständigen Monarchen beklagen. König Ludwig I. unternahm bei seinen zahlreichen Reisen nach Bad Brückenau gern einen Abstecher zu einem kleinen Jagdhaus auf der Hohen Kammer oberhalb Mottens. Das Häuschen an sich wäre nicht besonders sehenswert, ginge nicht das Gerücht, dass es sich um ein Liebesnest des Königs und seiner angebeteten Tänzerin Lola Montez handelte. Der steinerne Trog vor dem Haus für gewisse Stunden wird gern als Badewanne der irischen Schönheit bezeichnet, in Wirklichkeit dürfte er als Pferdetränke gedient haben.

So jedenfalls hat Motten seinen Platz in der bayerischen Geschichte gefunden und nun ja auch schon mehr als 200 Jahre Zeit gehabt, um sich an die Zugehörigkeit zu gewöhnen. Bleibt die sensible Frage offen, ob statt von Bayern nicht von Franken gesprochen werden müsste. Aber das sollen die zuständigen Stellen bitte außerhalb dieses unschuldigen Reiseführers ausdiskutieren.

Adresse Jagdhaus nordöstlich des Ortes, über Wanderwege zu erreichen, 97786 Motten | **ÖPNV** Bus 8054, Haltestelle Brauerei | **Anfahrt** direkt an der B 27 zwischen Fulda und Bad Brückenau | **Tipp** Auf der Mottener Haube steht ein moderner Aussichtsturm. Diesen passiert man unter anderem auf dem 16 Kilometer langen Rundweg »Der Mottener«.

77 Die Franz-Brandl-Statue

Ein echter Kumpel

Etwa 250.000-mal ist das Bundesverdienstkreuz seit 1951 verliehen worden. Das allererste ging nach Nentershausen in Waldhessen.

Es war eine Novembernacht im Jahr 1950. In den Reichenbergschacht der Kupferschiefer-AG in Sontra dringt ohne jede Vorwarnung Wasser ein. Franz Brandl ist gerade beim Schichtwechsel und hört das plötzliche Rauschen. Er weiß, dass noch zwei Kumpel im Grubenbau beschäftigt sind – 300 Meter unter der Erde. Brandl setzt sein Leben aufs Spiel, läuft tiefer in den Berg hinein und warnt seine Kollegen. Zu dritt kämpfen sie sich gegen die Wassermassen zum Stollenausgang, alle überleben, Brandl ist der Retter. Die Heldentat wird bundesweit zum Thema. Auch Bundespräsident Theodor Heuss bekommt sie mit, und es trifft sich gut, dass das Staatsoberhaupt kurz darauf per Erlass den »Verdienstorden der Bundesrepublik Deutschland« stiftet. So heißt das Bundesverdienstkreuz hochoffiziell. Das erste soll an diesen mutigen Bergmann aus dem Nordosten Hessens gehen.

Der Bundespräsident habe sich ihm gegenüber wie ein Vater verhalten, erzählte Franz Brandl später. Ansonsten war ihm der Rummel um seine Person aber eher unangenehm. Deswegen arbeitete er nach der Verleihung weiter als Bergmann, später als Maschinenschlosser. 2008 starb Brandl, einige Jahre später ließ ihm Nentershausen eine weitere Ehre zuteilwerden. Im kleinen Bergarbeiterpark wurde ein Stolleneingang nach dem wackeren Knappen benannt. Und daneben steht der Held persönlich: In monatelanger Arbeit von seinem Nachbarn aus Holz geschnitzt, natürlich mit Grubenlampe, wie es sich für einen Bergmann gehört. Auch wenn bundesweit mittlerweile eine Viertelmillion Verdienstkreuze im Umlauf sind, der Erste zu sein, das kann Franz Brandl keiner mehr nehmen. Er möge mir verzeihen, dass ich ihn noch mal in den Mittelpunkt gestellt habe. Aber seine Geschichte ist einfach zu schön, um unerzählt zu bleiben.

Adresse Bergarbeiterpark, Danziger Straße, 36214 Nentershausen | **ÖPNV** Bus 315 und 260, Haltestelle Oderstraße | **Anfahrt** A 4, Ausfahrt Wildeck-Obersuhl oder B 27, Abzweig bei Sontra, im Ort Beschilderung zur Tannenburg folgen, dann über Königsberger und Danziger Straße | **Tipp** Einen Einblick in die Bergbautradition des Richelsdorfer Gebirges gibt ein kleines Museum am Ortsrand. In der warmen Jahreszeit sonn- und feiertags geöffnet, für Gruppen kann eine alte Grubenbahn angeworfen werden.

78 Das Richelsdorfer Gebirge

Märchenhaft und unentdeckt

Vielleicht müsste man noch mal über die Vermarktung sprechen. »Waldhessische Schweiz« wäre ein möglicher Slogan für diesen Landstrich, der im äußersten Osten Hessens in seiner unangetasteten, sanfthügeligen Schönheit auf Entdecker wartet.

Hinter den sieben Bergen (bitte nicht genau nachzählen, die Formulierung soll nur als Metapher für eine gewisse Abgeschiedenheit stehen) liegt mit Nentershausen der größte Ort des kleinen Gebirges. Sein Herz aus Fachwerk ist so proper herausgeputzt, dass man sich ernsthaft fragt, weswegen diese Kulisse noch nie für eine Tierarztserie oder sonstigen TV-Kitsch aus dem ländlichen Raum herhalten durfte. Selbst der Kassenraum der örtlichen Tankstelle ist in einem Fachwerkensemble untergebracht.

Einen ganz anderen Charme strahlt die Siedlung am östlichen Ortsrand aus. Weil der Bergbau in der Gegend immer mehr Arbeiter anzog, sind dort reihenweise kleine Häuschen entstanden, die man in dieser Art eher in Herne, Bochum oder Duisburg vermuten sollte. Hier wurde im Vorgarten die Flagge von Schalke 04 gehisst, dort prangt auf der Heckscheibe ein riesiger Aufkleber von Borussia Dortmund. Bergbautradition scheint überregionalen Einfluss auf den Lieblingsverein zu haben.

Bundesliga und Bergbausiedlung gab es noch nicht, als die reizvolle Landschaft Anziehungspunkt für allerlei große Namen war. Freiherr zu Knigge verbrachte nach seiner Hochzeit in Kassel die Flitterwochen in Nentershausen, die Schriftstellerin Bettina von Arnim war zu Gast – und natürlich auch die Brüder Grimm, wie fast überall in Hessen. Verbrieft ist, dass hier einer von beiden an den Weihnachtstagen 1812 drei frisch erschienene Märchen zum Besten gab. Und es würde nicht wundern, wenn die verwunschene Gegend Inspiration für weitere Erzählungen von Wilhelm und Jakob gewesen sein sollte. Sie hat es auf jeden Fall verdient, wiederentdeckt zu werden.

Adresse Herzberg, 36214 Nentershausen | ÖPNV Bus 315, Haltestelle Markt, von dort zu Fuß auf den Herzberg in etwa 45 Minuten | Anfahrt A 4, Ausfahrt Wildeck-Obersuhl oder B 27, Abzweig bei Sontra | Tipp Das Freibad am Schwanenteich hat auch an den heißesten Tagen immer noch ein Plätzchen auf der großen Liegewiese frei.

79_Die Tannenburg

Trutz im Grünen

»Lebendige Burg« nennt sich die Tannenburg bei Nentershausen. Und um diesem Slogan gerecht zu werden, gibt sich der Förderverein, der sich um das alte Gemäuer kümmert, große Mühe. Sonntags rücken die Mitglieder in stilechter Gewandung an, um den Besuchern das Alltagsleben auf der Burg zu zeigen, alles so realistisch wie möglich und ohne die romantische Verklärung mancher Mittelaltermärkte. Parallel öffnet das Wirtshaus seine Pforten zur Tafelei für Schlund und Wanst: alles Zutaten aus der Region und ohne Kartoffeln und Tomaten, denn die gab es seinerzeit in Europa ja noch gar nicht. Während Mutti und Vati mampfen und vielleicht ein Bier der frommen Klosterbrüder aus Eschwege genießen, dürfen die Kinder mit Laternen den Keller erkunden und sich auf die Suche nach einem verborgenen Schatz machen. Und irgendwie ist das in echt ja alles viel cooler als beim Plastik-Pendant von Playmobil.

Die Tannenburg war im Mittelalter eine der größten Burgen des niederen Adels in Hessen – und tatsächlich verfügt sie über viel mehr Räume, als es von außen den Eindruck macht. Der schönste ist die Burgkapelle in einem kleinen Erker zur Ostseite, an die sich ein liebevoll restauriertes Trauzimmer anschließt. Heiraten auf der Burg wird immer beliebter; der Verein plant die Einrichtung einiger Gästezimmer, damit wenigstens Brautpaar und die engsten Familienmitglieder nach einem rauschenden Festmahl nicht mehr ins Auto steigen müssen.

Die Idee ist nicht neu: Auch die Besitzerfamilie Baumbach wollte die Burg in den 1980er Jahren schon in ein Hotel verwandeln, ließ von den Plänen aber schließlich ab und übergab das Nutzungsrecht stattdessen für 99 Jahre an den Förderverein. Wahrscheinlich die beste Entscheidung für das historische Kleinod. Denn wer sieht, mit wie viel Liebe und Elan die »Freunde des Tannenberg e.V.« das Erbe unserer Ur-ur-ur-ur-Ahnen hochhalten, der weiß das 700 Jahre alte Trutzgemäuer in den richtigen Händen.

Adresse Burgstraße, 36214 Nentershausen | **ÖPNV** vom Bahnhof Sontra Anrufsammeltaxi (www.mobilfalt.de), Haltestelle Tannenburg | **Anfahrt** A 4, Ausfahrt Wildeck-Obersuhl oder B 27, Abzweig bei Sontra, im Ort überall ausgeschildert | **Öffnungszeiten** Mi, Do 11–17 Uhr, Fr–So 11–21 Uhr | **Tipp** An der Tannenburg startet der Werra-Burgen-Steig bis Hann. Münden, laut »Wandermagazin« Deutschlands zweitschönster Wanderweg.

80 Die Schloss-Schule

Statt Schloss

Wer heutzutage noch ein Wasserschloss hat, der hegt und pflegt es, verwertet es touristisch, öffnet es für Hochzeiten, gründet ein Museum oder verpachtet es an die Gastronomie. Geht in Neuhof alles nicht mehr, denn das Wasserschloss ist weg. Einfach abgerissen, zwischen 1953 und 1958. Also wohlgemerkt, nachdem es den Zweiten Weltkrieg unbeschadet überstanden hatte.

Okay, das Schloss in Neuhof war kein Versailles, aber doch deutlich schöner als die Schule, die mittlerweile an seiner Stelle steht. Die vier gewaltigen Ecktürme der Schlossmauer wurden erhalten, das Eingangsportal ebenfalls – und mittendrin thront ziemlich deplatziert der Schulneubau, der aussieht, wie Schulgebäude aus den 50er Jahren eben so aussehen.

Wie konnte es so weit kommen? Die Zahl der Einwohner stieg in Neuhof nach dem Krieg rasant an, ein neues Schulgebäude wurde immer nötiger. Weil alle anderen Bauplätze nicht geeignet waren, kam 1951 zum ersten Mal die Idee auf, das Schloss zu opfern. Ein Jahr später kaufte die Gemeinde dem Forst- und Justizfiskus für 90.000 Mark zu je gleichen Teilen das Gebäude ab. Zunächst erlaubte das Regierungspräsidium Kassel allerdings nur den Abriss der maroden Seitenflügel, für das Hauptgebäude erfolgte erst 1958 die Genehmigung zum Einebnen, nachdem der Landeskonservator den Bau aus dem fuldischen Barock als »kulturhistorisch wenig wertvoll« einstufte. Aus heutiger Sicht eine fatale Einschätzung.

In einem der Mauerwerke fanden Arbeiter beim Abriss eine geheimnisvolle Schatulle. Darin eine Ausgabe der »Frankfurter Kayserlichen Reichs-Ober-Post-Amts-Zeitung« aus dem Baujahr 1767. Und eine Skizze, die für einige Räume des Schlosses eindeutig die Nutzung als Schulsäle vorsah. Wenn man also den ganzen traurigen Vorgang schönreden will, könnte man sagen, Bauherr Heinrich von Bibra habe doch seinen Willen bekommen. Nur eben fast 200 Jahre später. Und in hässlich.

Adresse Zollweg 4, 36119 Neuhof | ÖPNV alle Regionalzüge zum Bahnhof Neuhof | Anfahrt A 7, Ausfahrt Neuhof-Süd, in der Ortsmitte der Beschilderung nach Hattenhof folgen | Tipp Die Bäckerei Happ aus Neuhof versorgt ganz Osthessen mit Brötchen, Teilchen und Kuchen. Durchs Stammhaus an der Fuldaer Straße werden Führungen (mit Verköstigung!) angeboten (www.baecker-happ.de).

81 Das rhöniversum

Lehr-Reich

Einige Orte erwecken den Eindruck, als sei es ihnen unangenehm, zur Rhön zu gehören. Sie nennen sich »an der Rhön« (Bischofsheim) oder »vor der Rhön« (Sondheim, Nordheim, Ostheim), obwohl zumindest einige von ihnen mitten in der Rhön liegen. Bischofsheim erklärt das so: Der Name Rhön sei erst im 12. Jahrhundert entstanden – und da die Stadt ja schon viel älter sei, habe es dann nur noch zur Präposition »an« gereicht. Nun ja. Böse Zungen behaupten, früher habe die Landschaft im Herzen Deutschlands als so arm, karg und rückständig gegolten, dass man nicht allzu eng damit assoziiert werden wollte.

Im benachbarten Oberelsbach geht man mit der Lage offensiver um, speziell seit dort ein Ufo mitten im Ort gelandet ist. Genau so sieht es nämlich aus, das »rhöniversum«, eine Umweltbildungsstätte, die das nördlichste Mittelgebirge Bayerns voll in den Mittelpunkt stellt. Schüler, Studenten und Erwachsene sind eingeladen, mitten im Biosphärenreservat zu lernen, wie das Zusammenspiel von Mensch, Tier und Natur umweltverträglich gestaltet werden kann. Wie wird Getreide zu Brot, ein Schwein zum Schnitzel, ein Baum zum Regal? Viele Prozesse, die in der Konsumgesellschaft aus dem Blickfeld geraten sind, werden in den Betrieben vor Ort erklärt. Gerade für Großstädter ist eine Bildungsauszeit in dieser Kulturlandschaft mit ihrem gelebten Brauchtum spannend, Erholung in der wunderschönen Hochrhön natürlich inklusive.

Und auch auf Komfort muss kein Seminargast verzichten. Die hellen, holzvertäfelten Zimmer gehören zum stylishsten Purismus, den die Hotellerie weit und breit zu bieten hat. Kinder- und Jugendgruppen werden noch naturnäher in den Schullandheimen Bauersberg oder Thüringer Hütte untergebracht. Natürlich ist ein Bildungsaufenthalt nicht unbedingt Urlaub, aber nirgendwo gibt es mehr Einblicke als hier, nicht vor, nicht an, sondern genau mitten IN der Rhön.

Adresse Auweg 1, 97656 Oberelsbach | **ÖPNV** von Bad Neustadt Bahnhof Bus 8183, Haltestelle Marktplatz, Oberelsbach | **Anfahrt** B 279, Abzweig bei Bischofsheim, oder B 285 und in Nordheim abbiegen, das rhöniversum liegt mitten im Ort, genügend Parkplätze | **Tipp** Tausende Pfeifen gibt es im ersten Deutschen Tabakpfeifenmuseum zu bewundern. Eintritt auch für Nichtraucher.

82 Die Bionade-Brauerei

Landliebelimo

Bier. Nur aus Hopfen, Malz, Hefe und Wasser – durch das bekannte deutsche Gebot von 1516 eins der reinsten Getränke der Welt. Aber nur für Erwachsene. Und warum sollen Kinder Limonaden mit allerlei chemischen Ekelhaftigkeiten trinken? Fragte sich Dieter Leipold aus Ostheim und begann, jahrelang an einem U-16-Getränk zu tüfteln, das die gleiche Reinheit haben sollte wie das Bier aus seiner Brauerei. Gerstenmalz und Wasser ja, Hefe nein, dadurch entsteht ja Alkohol, stattdessen ein bestimmtes Bakterium, das den Malzzucker unter Zugabe von Sauerstoff in Gluconsäure wandeln kann. Fertig war die Bio-Limonade, kurz Bionade.

Anfangs gab es sie mit einem recht scheußlichen Etikett nur in Kurkliniken und Fitnessstudios in der Region zu kaufen. Dann aber bemerkte ein Hamburger Händler, dass die Großstadtkundschaft die Bio-Brause aus dem Süden voll cool fand, und nahm sie ins Sortiment auf. Wenig später wurde der Markenauftritt optimiert – heute reicht ein weißer Kreis mit rotem Kern auf blauem Grund, und jeder Hipster weiß, dass es hier seine Lieblingslimo gibt.

Fast zwei Drittel der bayerischen Bierhersteller sind seit 1960 eingegangen. Und wahrscheinlich wäre es der Brauerei Peter in Ostheim nicht anders ergangen, hätte die Besitzerin nicht in zweiter Ehe diesen Leipold geheiratet und ihm durch einen Lottogewinn seine langwierigen Forschungen finanziert. Selbst die Großraumdisco »08/15«, die zur Absatzsteigerung auf dem Firmengelände gegründet wurde, verschaffte Ende der 80er Jahre nur eine kurze finanzielle Verschnaufpause. Mittlerweile gehört die Geburtsstätte der Bionade dem größten Brauereikonzern Deutschlands, der Radeberger-Gruppe. Einige Kunden haben das den Rhöner Öko-Pionieren übel genommen und sich von der Marke abgewandt. Aber wer sich auf eine Führung über das leicht zerzauste Firmengelände einlässt, merkt schnell: Da steckt viel Herz und wenig Großkonzern drin.

Adresse Nordheimer Straße 14, 97645 Ostheim vor der Rhön | **ÖPNV** Bus 8153, Haltestelle Ostheim Rathaus, von dort etwa 10 Minuten Fußweg Richtung Nordheim | **Anfahrt** direkt an der B 285, Parkplätze auf dem Werksgelände | **Öffnungszeiten** Werksbesuch nach Voranmeldung möglich (www.bionade.de/entdeckertour) | **Tipp** Das Orgelbaumuseum im Schloss Hanstein: Kinder bekommen einen Rucksack mit Fragebogen und gehen mit Maskottchen »Orgelinchen« auf Entdeckungsreise.

83 Die Ostheimer Zeitung

Frisch gepresst

Eigentlich ist Volker Gunzenheimer Schriftsetzermeister. So steht's auf seiner Visitenkarte. Wenn er etwas weniger bescheiden wäre, könnte er sich auch Verleger nennen. Denn seine Familie hat eine eigene Zeitung, sogar schon in der dritten Generation. Sein Imperium liegt in einem unscheinbaren Haus an der Durchgangsstraße von Ostheim vor der Rhön: Vorne ein Schreibwarenladen, daneben die Redaktion, im hinteren Teil die Druckmaschinen. Dreimal pro Woche spucken sie unter großem Gekeuche 800 bis 900 Ausgaben der kleinsten deutschen Tageszeitung aus. Und das hat Tradition: 2017 feiert die Ostheimer Zeitung ihr 110-jähriges Bestehen.

Wieso gerade Ostheim? Wie kann sich ausgerechnet in einer strukturschwachen und demografiegebeutelten Gegend eine Zeitung behaupten? Die Antwort liegt in der Geschichte: Bis 1946 hatten Ostheim, Sondheim und ein paar Dörfer drum herum mit Bayern nichts zu tun. Sie gehörten zum Großherzogtum Sachsen-Weimar-Eisenach, später zu Thüringen. Allerdings fehlte dorthin eine Anbindung, das Amt Ostheim war als Exklave quasi auf journalistische Selbstversorgung angewiesen. Deswegen gründete Gunzenheimers Großvater mütterlicherseits die Zeitung, der die Leser bis heute die Treue halten. Über 90 Prozent der Exemplare gehen an Abonnenten, montags, mittwochs und freitags am Morgen gedruckt und bis zur Mittagszeit von elf Austrägern verteilt.

Noch nie ist eine Ausgabe ausgefallen, erzählt Gunzenheimer stolz. Nicht mal im Krieg. Als der Opa an die Front musste, übernahm die Großmutter das Blatt. Und bald schon ist die nächste Generation dran, Sohn und Tochter stehen in den Startlöchern. Gut so, denn sie wissen am besten, was es heißt, Deutschlands kleinste Lokalzeitung zu führen: Wenig Urlaub, keinen Anzeigenkunden verprellen und immer für die Ostheimer da sein. Aber wer sonst kann schon behaupten, eine eigene Zeitung zu besitzen?

Adresse Paulinenstraße 32, 97645 Ostheim vor der Rhön | **ÖPNV** Bus 8153, Haltestelle Ostheim Rathaus | **Anfahrt** direkt an der B 285, Parkplätze in der Ortsmitte | **Tipp** Am Rand der Altstadt steht die wohl größte Kirchenburg Deutschlands. Jede Menge Mauern, Türme und Romantik.

84__Die Liobakirche

Ort mit Rekord

Der größte Schatz der kleinen Kirche auf dem Basaltkegel überm Fuldatal ist ein wenig verblasst. Angesichts des Alters von fast 1.200 Jahren kann man dem Kulturdenkmal in der Krypta deswegen aber keine Vorwürfe machen. Dort befinden sich die ältesten Wandmalereien Deutschlands, Maria mit ihrem Kind ist zu erkennen, der Täufer Johannes und ein guter Hirte. Der Sinn einiger anderer Gemälde kann heute nicht mehr genau erklärt werden.

Oft wird Sankt Peter auch Liobakirche genannt. Denn die sterblichen Überreste dieser Heiligen lagen einst hier in einem steinernen Sarkophag, später wurden sie nach Fulda gebracht, 1995 kehrte der Schädel als Reliquie zurück. Lioba wurde etwa im Jahr 700 geboren, nachdem ihre Mutter träumte, auf ihrem Schoß läute eine Glocke. Dies verstand die Dame, deren Kinderwunsch lange Zeit unerfüllt blieb, als Signal von ganz oben und versprach im Gegenzug, ihre Tochter Gott zu weihen. Das funktionierte einwandfrei, Lioba wurde Nonne und irgendwann vom heiligen Bonifatius aus England als Missionarin ins Fränkische Reich beordert. Dort pflegte sie Kontakte zu den höchsten weltlichen Kreisen und machte durch das ein oder andere Wunder auf sich aufmerksam. Eine Feuersbrunst soll sie mit geweihtem Salz gelöscht haben, einen Gewittersturm besänftigt und eine sterbenskranke Nonne geheilt.

Dazu mag man stehen, wie man will, die Kirche ist einen Besuch auf jeden Fall wert. Denn sie bietet noch weitere Besonderheiten: Wahrscheinlich ist sie das älteste Gebäude Hessens, in dem heute noch Gottesdienste stattfinden. Bei einem ungarischen Überfall, in den Bauernkriegen und im Dreißigjährigen Krieg mehrmals zerstört, beeindruckt sie heute in perfektem Restaurierungszustand. Und schaut von ihrem Aussichtshügel auf den Fuldaer Dom und die Stadtpfarrkirche hinunter und mag denken: »Ihr seid vielleicht größer, barocker und häufiger fotografiert. Aber im Gegensatz zu mir echte Sakral-Youngsters.«

Adresse An Sankt Peter 2, 36100 Petersberg | **ÖPNV** Bus 9A, Haltestelle Propsteihaus | **Anfahrt** A 7, Ausfahrt Fulda-Mitte, Richtung Petersberg, Kirche ist in der Ortsmitte ausgeschildert, Auto besser rund ums Rathaus abstellen, auf dem Kirchberg angespannte Parkplatzsituation | **Öffnungszeiten** tagsüber geöffnet | **Tipp** Ein schönes Wanderziel ist der kleine Aussichtsturm auf dem Rauschenberg. Zuletzt war das Panorama wegen der hohen Bäume drum herum allerdings recht eingeschränkt.

85_Die seltsame Ortsgrenze

Offensichtlich unübersichtlich

Das ergibt alles überhaupt keinen Sinn. Wer auf dem Bergrücken östlich der Fuldaer Innenstadt unterwegs ist, stößt alle paar hundert Meter auf ein Ortsschild. Ich wage zu behaupten und bin vielleicht der Erste, der bemerkt, dass in keiner Ecke Deutschlands im Zuge der Gebietsreformen so verwirrend gearbeitet wurde wie im Bereich zwischen B 27, B 458 und A 7.

Vermutlich wissen nur Mitarbeiter der örtlichen Katasterämter ganz genau, wo Fulda aufhört und Petersberg anfängt – oder ob es nicht schon Künzell ist. Bereits einen guten Kilometer östlich des Hauptbahnhofs ist das Fuldaer Stadtgebiet zu Ende. Im Wohngebiet hinter dem Marianum und der Eduard-Stieler-Schule verläuft die Grenze zu Petersberg mitten durch die Grundstücke. Der Profi erkennt an der Farbe der Straßenschilder, in welcher Kommune er sich aktuell befindet. Die Straßennamen ändern sich an der Grenze zwar nicht, stehen aber in Fulda weiß auf blauem Grund, während Petersberg schwarze Lettern auf einem weißen Schild verwendet. Ganz kompliziert wird es rund um den Globus-Baumarkt an der Autobahnausfahrt Fulda-Mitte. Dieser liegt in Petersberg, der benachbarte McDonald's aber in Künzell, während Edeka 300 Meter weiter zu Fulda gehört. Immerhin haben alle dieselbe Telefonvorwahl.

Da die Vororte der Bischofsstadt nach Westen nicht weiterwachsen konnten, ohne Fulda einzugemeinden, hat man sich in den 1970er Jahren großzügig Rhönvorland einverleibt. Marbach gehört seitdem zu Petersberg, obwohl man von dort schneller in Hünfeld ist. Die Menschen aus Dietershausen erledigen ihre kommunalen Angelegenheiten in Künzell, was allerdings viel weiter entfernt ist als Dipperz. Das wiederum hängt damit zusammen, dass die Künzeller Gemeindeverwaltung am westlichsten Zipfel der weit nach Osten reichenden Großgemeinde errichtet wurde. Aber das ist bei diesem planerischen Tohuwabohu ja fast schon wieder konsequent.

Adresse Eichendorffstraße, 36037 Fulda oder Eichendorffstraße, 36100 Petersberg | **ÖPNV** vom ZOB Fulda Bus 1 oder 8, Haltestelle Marianum | **Anfahrt** A 7, Ausfahrt Fulda-Mitte, Richtung Petersberg, an der großen Aral an der B 458 in die Straße »Am Ziegelberg« abbiegen | **Tipp** Das erwähnte Marbach liegt am Haunestausee, den man mit dem Fahrrad von Petersberg über idyllische Wege erreicht.

86_Das geteilte Haus

Lästige Grenzerfahrungen

Die ehemalige Zonengrenze ist für viele traurige und kuriose Geschichten verantwortlich. Eine ganz besonders absurde erzählt ein Haus zwischen Philippsthal und Vacha, in dem die frühere Hoßfeld'sche Druckerei untergebracht war. Errichtet wurde das Gebäude von der Besitzerfamilie 1890 auf hessischem Boden, allerdings reicht es genau bis an die thüringische Grenze. Dort entstand die »Rhön-Zeitung«, die besonders in Thüringen gern gelesen wurde. Jahrelang hatte sich niemand daran gestört, dass die Lokalzeitung streng genommen ein Importprodukt aus dem Nachbarland war.

Bis 1941. Denn in diesem Jahr erging ein Gesetz, welches besagte, dass in Thüringen nur noch Presseerzeugnisse verkauft werden durften, die auch dort gedruckt wurden. Die Hoßfelds reagierten listig und besannen sich ihres Anbaus, den sie einige Jahre zuvor auf Vachaer Gemarkung errichtet hatten. Die Druckmaschinen wurden kurzerhand über die Landesgrenze transportiert – und alles war wieder gut.

Bis 1951. Denn mittlerweile gehörte Thüringen zur DDR. Berichte über Enteignungen machten die Runde, deswegen fiel die Silvesterfeier bei den Hoßfelds aus. Stattdessen wurde in dieser Nacht, in der jeder etwas Besseres zu tun hatte, als verdächtiges Treiben in einer kleinen Firma zu kontrollieren, der gesamte Maschinenpark wieder auf die hessische Seite zurückgeschleppt. Die Verbindung in den östlichen Teil wurde zugemauert und war 25 Jahre lang die Grenze zur DDR, mitten durch ein Privathaus. Erst durch den Grundlagenvertrag wurde es 1976 möglich, den Ostteil des Anwesens wieder an die Eigentümer zurückzugeben, die Grenze wurde ums Haus herumgelegt. Heute gibt es die Druckerei nicht mehr. Nach der Wende fiel die Zonenrandförderung im Westen weg, die Subventionen flossen in die neuen Bundesländer. Aber deswegen noch mal alle Maschinen nach Thüringen zu räumen, das war den Hoßfelds dann auch irgendwann zu blöd.

Adresse Weidenhain 9, 36269 Philippsthal (Werra) | **ÖPNV** Bus 100, Haltestelle Weidenhain | **Anfahrt** B 62, am einfachsten parkt es sich an der »Brücke der Einheit« auf Vachaer Seite, von dort nur einmal über den Fluss | **Tipp** Noch mehr Geschichten über verlassene Häuser und geschliffene Höfe gibt es auf dem Gedächtniswanderweg entlang der innerdeutschen Grenze, der direkt an der Werrabrücke startet.

87_Das Schloss am Kaliwerk

Bergbau und Barock

Lassen Sie sich nicht beirren: Philippsthal ist ein hübscher Ort. Auch wenn das bei der Anreise aus Westen etwas anders aussieht, nämlich irgendwie nach Ruhrgebiet oder Saarland. Dafür verantwortlich ist das gigantische Kaliwerk, in dem seit 1905 Salze zur Düngemittelherstellung gewonnen werden. Es mag schönere Ortseingänge geben, aber bei einem Betrieb, der in der strukturschwachen Region rund 2.000 Arbeitsplätze bietet, rücken ästhetische Gesichtspunkte in den Hintergrund.

Zumal die auf der anderen Seite der Werra den Ton angeben. Da steht mit dem Schloss Philippsthal ein spannendes Ensemble, das eher ein ganzes Gelände als nur ein Gebäude ist. Der älteste Teil ist die ehemalige Klosterkirche, ehemalig deshalb, weil schon 1568 die letzten Nonnen ausgezogen sind. Gut 100 Jahre später begann Prinz Philipp von Hessen auf dem Gelände ein Schloss zu bauen, die Kirche wurde in den Südflügel integriert und teilweise barock ummantelt.

Im langen Westflügel war früher die landgräfliche Büchersammlung untergebracht, heute ist hier die Gemeindebibliothek. Der Bau, der die Anlage nach Norden hin begrenzt, wurde 1976 ein Raub der Flammen. Glücklicherweise entschied man sich für einen an den historischen Stil angelehnten Wiederaufbau, sodass die Anlage heute noch in ihrer trapezförmigen Geschlossenheit erhalten ist. Den Ausgang nach Osten markiert das schmucke Torhaus, in dem ein kleines Grenzmuseum untergebracht ist.

Großzügig präsentiert sich der Schlossgarten mit mehreren Teichen und der Orangerie. Fruher ging er auf der anderen Seite der Werra sogar noch weiter, später war dort Eisenbahngelände und noch ein bisschen später DDR. Die Schrecken der deutschen Teilung hat Philipsthal überwunden, heute ist die kleine Marktgemeinde ein lebenswertes Fleckchen – und an manchen Stellen in Ort und Schlosspark gelingt es sogar, nicht auf die Abraumhalde zu schauen.

Adresse Schloß, 36269 Philippsthal (Werra) | **ÖPNV** Bus 100, Haltestelle Schloss | **Anfahrt** Kaliwerk unübersehbar an der B 62, Ortsmitte auf der anderen Werra-Seite ausgeschildert | **Tipp** Das benachbarte Vacha ist in Spaziergang-Reichweite und bietet eine sehenswerte kleine Altstadt.

88__Das C+C-Rathaus

Doppelt christlich hält besser

So richtig gut läuft's ja in letzter Zeit nicht für die beiden großen Parteien in unserem Land. Hier und da bekommen CDU und SPD nicht einmal gemeinsam genügend Stimmen zusammen, um eine »Große« Koalition zu bilden. Wie wohltuend müssen für einen Christdemokraten da die Ergebnisse aus dem Kreis Fulda sein. Einfach mal bei einem guten Rotwein unter dem Hirschgeweih zurücklehnen und sich im Internet durch die absoluten Mehrheiten klicken, das ist Balsam für die Volksparteien-Seele.

Wenn es da nur nicht diese CWE gäbe! Eine kleine Wählereinheit foppt die CDU kommunalpolitisch und kommt ihr zum Teil bedrohlich nah. 33 Prozent in Nüsttal, 35 in Hilders, mehr als 40 Prozent sogar in Poppenhausen, die Gemeinderatswahlen 2016 waren ein Erfolg auf der ganzen Linie. Ja, auch bei der CWE steht das C für christlich, aber der Kreis Fulda hat so viel Katholizismus in petto, das reicht für zwei.

Im klassischen Rechts-links-Spektrum ist die Christliche Wählereinheit schwer zu verorten. Mehr Bürgerbeteiligung, keine Windräder, soziales Miteinander, schnelles Internet und bessere Infrastruktur – das Programm liest sich wie ein Best-of der etablierten Parteien. Aber genau deren Glaubwürdigkeitskrise ist das Pfund der CWE. Keine Bundes- oder Landespolitiker, die über den Dingen zu schweben scheinen, sondern konkrete Entscheidungen vor Ort. Relativ dogmenfrei haben die gewählten Vertreter schon Anträgen aus allen Parteien zugestimmt.

Der klassische CWE-Wähler ist älter und wohnt auf dem Land. Er hatte schon genügend Zeit, die Wählervereinigung kennenzulernen, denn 2017 feiert sie ihr 50-jähriges Bestehen. Heute, sagt der Kreisvorsitzende, würde man in einer bunteren Gesellschaft auf das C wahrscheinlich verzichten. Aber damals, als der Pfarrer von der Kanzel noch ein christliches Wahlverhalten anmahnte, war der kleine Buchstabe ein feiner Trick, um der CDU ein paar Stimmen abzuluchsen.

Adresse Gemeindeverwaltung, Von-Steinrück-Platz 1, 36163 Poppenhausen | **ÖPNV** Bus 35, Haltestelle Wallweg | **Anfahrt** B 458, Abzweig Poppenhausen, dort direkt in der Ortsmitte | **Tipp** Im Rathaus von Poppenhausen hat das »Sieblos-Museum« Fossilienfunde aus der ganzen Rhön zusammengetragen. Eintritt frei.

89_Der Guckaisee

Überschaubar

Trommelwirbel. Für den größten Natursee der Rhön. Sogar den größten natürlich entstandenen See ganz Hessens! Okay, nach dieser Showtreppe könnte der Guckaisee vielleicht ein bisschen mickrig wirken, wo er doch nicht einmal so groß ist wie ein Fußballplatz nach FIFA-Standardmaß. Dennoch trägt er den Titel zu Recht, denn alle größeren Seen seines Landes sind entweder mutwillig aufgestaut oder absichtlich ausgebuddelt worden, von natürlicher Entstehung keine Spur.

Der Ursprung des Guckaisees war vermutlich ein Hangrutsch, der die Lütter veranlasste, die entstandene Mulde mit Wasser zu füllen. Das Flüsslein entspringt in unmittelbarer Nähe, durchfließt den See und sorgt so selbst an rummeligen Tagen dafür, dass die Sonnencreme-Schlieren der Badegäste diskret abtransportiert werden. Seit Jahren attestiert die Badegewässerverordnung dem See drei Sterne, sprich ausgezeichnete Wasserqualität.

Zur Namensherkunft geht in der Rhön folgende Sage: Ein schönes Mädchen soll mit ihrem grantigen Vater in der Nähe gewohnt haben. Der mochte es nicht, wenn seine Tochter Herrenbesuch empfing, und verbot es ihr demzufolge. Allerdings musste der Vater hier und da Erledigungen machen und das schöne Fräulein manchmal aus den Augen lassen. Diese Gunst der Stunde nutzte das gewitzte Früchtchen und signalisierte mit einem Ei am Eingang des Hauses, ob sturmfreie Bude herrschte oder nicht. Leider war der Vater nicht ganz so doof, wie seine Tochter dachte. Er fand den Guck-Ei-Trick mit der Zeit heraus, legte sich auf die Lauer und jagte den Verehrer vom Hof.

Heute flirtet es sich auf den Liegewiesen rund um den kleinen Badesee gefahrloser. Allerdings sollte man sich dafür einen wirklich warmen Sommertag aussuchen. Denn auf fast 700 Metern Höhe kühlt es nach Sonnenuntergang schnell ab – und ein Sommerschnupfen kann fast so unangenehm sein wie ein grantiger Vater.

Adresse 36163 Poppenhausen (Wasserkuppe) | **ÖPNV** Rufbus 37 (Vorbestellung unter www.lng-fulda.de), Haltestelle Rodholz Schwarzerden | **Anfahrt** B 458, Abzweig Poppenhausen, im Ort ausgeschildert, genügend Parkplätze | **Tipp** Die Kreisstraße von Gersfeld über Schachen und Schwarzerden nach Abtsroda ist die schönste Panoramaroute der Rhön. Fuß vom Gas und genießen!

90_Das Hotel Rhön Garden

Pfeift auf den Zeitgeist

Hier ist alles wie früher. Und da früher bekanntlich alles besser war, ist es hier gut. In der heutigen Zeit des Biosphärenreservats würde man in dieser Lage wohl niemals mehr bauen dürfen, aber in den 70er Jahren des vergangenen Jahrhunderts war man mit Genehmigungen weniger zimperlich. Und so entstand an diesem aussichtsreichen Logenplatz zu Füßen des Pferdskopfs das charakteristische Nurdachhaus.

Allerdings hat das dreieckige Gebäude eine wechselvolle Geschichte. Der ehemalige Besitzer, ein Frankfurter Unternehmer namens Sinai, gab den Hotelbetrieb 1999 auf. Dann schlummerte der Kasten in einem fünfjährigen Leerstand-Schlaf vor sich hin und begann der zuständigen Gemeinde Poppenhausen langsam Kopfzerbrechen zu bereiten. Schließlich fand sich ein Investor, der überzeugt werden konnte, den Betrieb an eine Familie zu übertragen, die in der Region schon gastronomisch tätig war. Diese führte das »Rhöngarden« bis Mitte 2016, jetzt hat eine Betreibergesellschaft aus Berlin das Zepter übernommen.

Viel verändern will der neue Geschäftsführer nicht – und das wäre auch töricht. Denn in den einschlägigen Bewertungsportalen schneidet das Haus so gut ab wie kaum ein anderes in der Region. Der Rhön-Garden-Stammgast mag die bauernbarockige Zimmergestaltung, die überladene Lobby und die fast alpine Gemütlichkeit im Restaurant. Nie wieder war mir die Erinnerung an die familiären Winterurlaube im Zillertal so deutlich gewahr wie im Angesicht des perfekten Schnitzels neben einem gemauerten Ofen auf diesen schweren Holzstühlen. Und wer sich nach dem Abendessen zu einem kleinen Digestif auf seinen privaten Balkon zurückzieht, beschienen von der Abendsonne und mit dieser atemberaubenden Aussicht über Rhön, Fuldatal und Vogelsberg, der weiß, dass er wiederkommen wird, und hofft, dass sich bis zu seinem nächsten Besuch nichts geändert haben möge.

Adresse Kohlstöcken 4, 36163 Poppenhausen (Wasserkuppe) | **ÖPNV** Rufbus 37 (Vorbestellung unter www.lng-fulda.de), Haltestelle Rodholz Schwarzerden | **Anfahrt** B 458, Abzweig Poppenhausen, im Ort Beschilderung »Guckaisee« folgen, in Schwarzerden links Richtung Abtsroda | **Tipp** Eine weitere gute Adresse für einen sportlich-eleganten Rhönurlaub ist das Landhaus-Hotel Hof Wasserkuppe unten im Ort. Viele verschiedene Zimmerkategorien, sehr persönlicher Service.

91 Der Landgasthof Ebersburg

Burg und Bräute

Wer in der Rhön heiraten will, hat die Qual der Wahl. Nicht, was den Partner angeht, da ist bei einem Vermählungsgedanken der Richtige hoffentlich schon gefunden, sondern in Hinblick auf die Vielfalt origineller Orte. Ziemlich berühmt und unter dem Namen »Gipfel der Liebe« professionell vermarktet ist das Radom auf der Wasserkuppe. Romantischer ja-wortet es sich in dem winzigen Trauzimmer im Stadttor von Tann. Und wer es ganz individuell und ein bisschen rustikal mag, mietet für den schönsten Tag im Leben beim zuständigen Standesamt die Ebersburg.

Die schönste Aussicht der Rhön gibt es kostenlos dazu. Nach Westen wird die Landschaft flacher und bietet ein weites Panorama übers Fuldaer Land. Im Osten erheben sich wie eine grüne Wand die höchsten Gipfel der Region: Milseburg, Fuchsküppel, Wasserkuppe, Pferdskopf, kaum zu glauben, dass das noch Hessen und nicht schon Allgäu ist.

Vielleicht ist es ein gutes Omen für die Langlebigkeit einer Ehe, wenn sie in einem Gebäude besiegelt wird, das schon eine halbe Ewigkeit steht. Die Ebersburg dürfte es etwa seit 1200 geben, mal zerstört, dann wiederaufgebaut, »in guten wie in schlechten Zeiten«, sie erkennen die Parallele ... Dauerhaft bewohnt wurde sie allerdings nie, da ein Brunnen fehlte. Im 16. Jahrhundert wurde das Gemäuer schließlich aufgegeben, der heutige Zustand ist das Ergebnis umfangreicher Restaurierungsarbeiten in den vergangenen Jahrzehnten.

Den Schlüssel für das Gelände gibt es gegen eine kleine Gebühr im Berggasthof »Zur Ebersburg«. Dieser böte sich nach einem erfolgreichen Ringwechsel natürlich auch für die Feier an, am schönsten sitzt es sich zwischen Wald und Weiden auf der großen Aussichtsterrasse. Und wenn sich die Hochzeitsgäste für Wildspezialitäten begeistern, werden sie vom Festessen hier noch lange schwärmen.

Adresse Neuwart 60, 36163 Poppenhausen (Wasserkuppe), www.berggasthof-ebersburg.de | **ÖPNV** Rufbus 37 (Vorbestellung unter www.lng-fulda.de), Haltestelle Gackenhof GH Ebersburg | **Anfahrt** B 279, Abzweig Poppenhausen, auf der Passhöhe links abbiegen | **Tipp** Wagen Sie die kleine Wanderung zum felsigen Wachtküppel, vorbei an der Wendelinuskapelle im Stil der 60er Jahre.

92__Der Liebesweg

Achtung, Romantik!

Es gab Zeiten, da hatte Poppenhausen einen netten Wanderweg am Westhang des Dorfes mit hübschen Aussichten auf die höchsten Berge der Rhön. Und jetzt leben wir in Zeiten, in denen ein netter Wanderweg mit ein paar Panoramen nicht mehr genügt. Deswegen hat man sich entschieden, den Corso zum Poppenhausener Liebesweg auszubauen.

Ich versuche, die ganze Nummer ernst zu nehmen, verordne mir Romantik und steige durch ein großes, hohles Metallherz in die Avenue d'Amour ein. Schon nach wenigen Metern belehrt mich eine Tafel, wie man in 100 Sprachen »Ich liebe dich« sagt. Immerhin erfahre ich, dass in etlichen Idiomen ein Unterschied gemacht wird, ob es der Mann zur Frau sagt oder umgekehrt. Schnell steigert sich die Minne-Möblierung am Wegesrand: eine Holzbank mit zwei herzförmigen Rückenlehnen als zärtlicher Zuneigungszeuge, ein überdimensioniertes Kleeblatt mit zwei Löchern zum Durchschauen als Hingabe-Hingucker und natürlich das Anhänglichkeits-Accessoire schlechthin, Dutzende Liebesschlösser an einem Metallgitter, ebenfalls in Herzensform, das an diesem windigen Nachmittag bedenklich umfallbereit vor sich hin ächzt.

Im gesamten Ort ist der Liebesweg ausgeschildert wie eine Sehenswürdigkeit, die die Wasserkuppe, den Kreuzberg und den Dom zu Fulda in Addition noch überstrahlt. Die Homepage der Gemeinde käut die gängigen Zitate für mittelmäßige Hochzeiten von Gandhi und Saint-Exupéry zur Bewerbung des Pärchenpfades wieder. Immerhin wurde bei der Eröffnung selbst in der überregionalen Presse über die Idee berichtet – und so etwas ist Poppenhausen noch nicht so oft gelungen. Apropos Poppenhausen und Liebesweg: Alle naheliegenden Witze darüber möchte ich Ihnen selbst überlassen. Oder Ihrem Stammtisch. Ich versuche solange, den schönen Blick über den Ort zu genießen und mir das ganze Gefühlsgebamsel im Hintergrund wegzudenken.

Adresse 36163 Poppenhausen (Wasserkuppe) | **ÖPNV** Bus 35, Haltestelle Kirche, danach etwa 20 Minuten zu Fuß weiter | **Anfahrt** B 458, Abzweig Poppenhausen, im Ort Richtung Gersfeld, vor der ersten Kehre scharf rechts ab | **Tipp** Liebe geht durch den Magen – und falls der knurrt, kann er im Landgasthof zum Stern am Marktplatz mit vielen Rhöner Köstlichkeiten wieder gefüllt werden.

93 Das Tipihotel

Zu Gast bei Häuptling »Backender Bär«

Wieso steht auf der großen Wiese hinter Genslers Biohof ein Dutzend Tipis? Um darin wie ein Indianer zu übernachten, ist doch klar. Aber warum schläft man hier nicht in Ferienwohnungen oder Gästezimmern wie beim Urlaub auf dem Bauernhof üblich? Weil sein Indianerdorf eine ganz besondere Energie ausstrahlt, sagt Hofchef Christof Gensler – und das hat mit der Entstehungsgeschichte zu tun.

Schon eine ganze Weile hatte der Öko-Landwirt darüber nachgedacht, wie er Gäste auf seinem Hof unterbringen könnte. Über der hauseigenen Bäckerei war es zu laut, im privaten Haus zu eng, deswegen gefiel ihm die Idee, mit der Hochschule Fulda für das Projekt »Jugendkeltendorf Rhön« zeitlich begrenzt ein Lager mit normalen Zelten aufzubauen. Das lief so ein paar Jahre, bis plötzlich das Tipi in Genslers Leben trat.

Das erste echte Indianerzelt hatte er auf einer Bio-Messe in Alsfeld gesehen, bei einem Mann, der Handcreme verkaufte. Dieser fragte den Bauern aus der Rhön, ob er das Tipi im Winter wohl mal auf seinem Grundstück aufbauen dürfte, das sei alte Tradition im Freundeskreis. Gensler stimmte zu und erlebte trotz eisiger Kälte mit den Herren im Zelt so intensive Gesprächsabende, dass er diese Biwak-Spiritualität auch anderen Gästen anbieten wollte. Da sich der Bruder des Handcremeproduzenten auf den Tipi-Bau verstand, konnte im Mai 2008 das erste Indianerhotel der Rhön seine Pforten öffnen. Mittlerweile verzeichnet Häuptling Christof 3.000 Zelt-Übernachtungen pro Jahr, versorgt seine Besucher gern mit frischen Backwaren und ökologischen Lebensmitteln aus dem Bauernladen und staunt ein bisschen, wie sehr besonders Erwachsene auf das Indianerleben abfahren.

Aber vielleicht geht es seinen Gästen einfach wie ihm – und sie spüren durch die Nähe zu den Elementen diesen ganz besonderen Geist, der sich in einer langweiligen Ferienwohnung nicht ausbreiten mag.

Adresse Biohof Gensler, Hohensteg 5, 36163 Poppenhausen (Wasserkuppe) | ÖPNV Bus 35, Haltestelle Wallweg, danach etwa 20 Minuten zu Fuß weiter | Anfahrt B 458, Abzweig Poppenhausen, Abzweig zum Hof beschildert | Öffnungszeiten Bauernladen je nach Backtag unterschiedlich geöffnet, mehr unter www.bio-hof-gensler.com/Oeffnungszeiten | Tipp Nicht wundern, wenn unweit der Tipis Lamas grasen. Die gehören Johannes Nüdling, der Wanderungen mit den gutmütigen Tieren anbietet.

94 Der größte Anger Hessens

Dorfplatz mit Platz

Wer Rasdorf immer nur auf der radarfallenträchtigen B 84 durchfährt, verpasst die zwei größten Sehenswürdigkeiten der kleinen Kegelspiel-Gemeinde. Ein Stück abseits der Hauptdurchgangsstraße liegt Hessens weitläufigster Dorfplatz, ein Anger in der Größe von etwa anderthalb Bundesliga-Fußballfeldern. Zu verdanken hat der Ort sein überdimensioniertes Zentrum der Lage an der alten Handelsstraße Frankfurt–Leipzig. Hier wurde eine Rast eingelegt, die Pferde getränkt und umgespannt. Durch mehrere Brände sind die meisten historischen Häuser allerdings verschwunden.

Nach Norden hin wird der Platz von der Stiftskirche begrenzt, deren Turm ganz offensichtlich schief ist. Sie zählt allein schon wegen ihres Alters zu den bedeutendsten Dorfkirchen der Region. Die ältesten Teile stammen aus dem Jahr 831, im 13. Jahrhundert wurde sie zur gotischen Kirche umgebaut, ohne den Grundriss zu verändern. Besonders sehenswert sind die sechs Säulen im Langhaus mit ihren korinthischen Kapitellen. Fachleute vermuten, dass hier eine byzantinische Künstlergruppe vom ottonischen Kaiserhof am Werk war. Zwei weitere Säulen gedrungenerer Bauart tragen die Orgelempore im Westteil der Basilika. Ihren Abschluss bilden rätselhafte Tierdarstellungen, die die Kunsthistoriker zwar für äußerst wertvoll halten, aber nicht eindeutig erklären können. Ein weiterer Blick lohnt sich auf den Taufstein, der älteste im Fuldaer Land, und auf die barocke Kanzel. Hier entdeckt man den Gründer der Rasdorfer Stiftskirche Rabanus Maurus mit einem Modell des Gebäudes in der Hand.

Wer nach so viel Kultur einen kleinen Hunger verspürt, wird ein paar Schritte weiter glücklich. Die italienische Trattoria direkt am Anger wird in der gesamten Region gelobt. Und wer weiß, ob man nach ein paar Gläsern Lambrusco nicht doch noch auf eine kreative Erklärung für die seltsamen Tierkapitelle in der Kirche nebenan kommt.

Adresse Am Anger, 36169 Rasdorf | ÖPNV Bus 76, 77 oder 125, Haltestelle Am Anger | Anfahrt an der B 84 Hünfeld–Vacha in Rasdorf Richtung Ortsmitte abbiegen, genügend Parkplätze | Tipp Der Wehrfriedhof mit seiner hohen Mauer und den vier Wachttürmen bot früher der Bevölkerung Schutz und ist heute in Hessen ziemlich einzigartig.

95_Die Hohe Geba

Schildbürger

Okay, die Hohe Geba ist nicht der höchste Berg der Rhön. Nicht mal der höchste im thüringischen Teil. Aber einer der spannendsten. Denn von dem waldarmen Hochplateau bietet sich ein Blick mit nahezu mäusebussardartigen Perspektiven. Richtung Nordosten steigt in naher Ferne der Thüringer Wald schroff an. Mild schraubt sich die Rhön nach Westen hin zu ihren höchsten Gipfeln empor, und an klaren Tagen sind im Süden sogar die Haßberge und im Norden der Hohe Meißner zu erkennen. Eine Metalltafel des Rhönclubs hilft bei der Orientierung, auch die einst permanente Wasserdampfwolke des Atomkraftwerks Grafenrheinfeld ist dort verzeichnet, seit dessen Abschaltung ist die Aussicht allerdings um eine menschgemachte Landmarke ärmer.

Bis 1991 gehörte der Geba-Gipfel den Russen, kein Wunder bei diesem prachtvollen Blick auf den Klassenfeind. Die Sowjetarmee installierte allen möglichen militärischen Schnickschnack aus der Abteilung Horch und Guck auf der Hochfläche und hinterließ dem heutigen Gast ein kleines »Druschba«-Museum in einer der erhaltenen Baracken.

Erfrischungen gibt es im Bergstübchen nebenan – und beim Rausgehen sollten Sie einen Abstecher ins Schilderwäldchen schräg gegenüber nicht versäumen: Bundesland, Landkreis, Gemeinde, Tourismusverband, Wanderclub und Rhön-Marketing, jeder meint es gut mit dem Besucher und hat deswegen eine Karte mit Wanderwegen aufgestellt, einer natürlich toller als der andere, aber in ihrer Gesamtheit dann doch vollkommen unvernetzt und das Ergebnis eines typisch föderalen Mangels an Absprachen. Mehr Einigkeit herrschte im Jahr 2014, als die Geba-umgebenden Gemeinden den Bau eines 70 Meter hohen Aussichtsturmmonsters per Bürgerentscheid einhellig ablehnten, dem Massentourismus damit die Rote Karte zeigten und die wunderschöne Hochebene umweltschonend im touristischen Schlummerzustand beließen.

Adresse 98617 Rhönblick | **ÖPNV** Bus 409, Haltestelle Geba, danach 15 Minuten zu Fuß weiter | **Anfahrt** B 19, in Meiningen Richtung Kaltennordheim, in Stepfershausen abbiegen, ab dort beschildert | **Tipp** Im Winter surrt zwischen Geba und Träbes ein kleiner Skilift, der einzige im thüringischen Teil der Rhön.

96 Der grüne Hügel

Kahle Schönheiten

Kalkmagerrasen klingt irgendwie öde, steppenartig und nicht besonders sehenswert. Aber genau diese Graslandschaften machen die Rhön so einzigartig und durch ihren niedrigen Bewuchs zum Land der offenen Fernen. Rhönschafe haben die Flächen durch intensive, jahrhundertelange Beweidung geschaffen, heute sorgt ihr grasrupfender Einsatz für den Erhalt dieser Kulturlandschaft. Idealerweise gesellen sich noch ein paar Ziegen zur Herde, die durch ihren Appetit auf Äste die Verbuschung verhindern.

Alles, was es hell und warm mag, fühlt sich auf Kalkmagerrasen wohl. Etliche Falterarten, empfindliche Heuschrecken und typische Heidevögel tummeln sich neben Silberdisteln, Schlüsselblumen und Orchideen. Auch für sie sind gelegentlich vorbeischauende Schafe optimale Mitbewohner. Denn diese verursachen nur geringe Trittschäden, transportieren in Huf und Fell aber die Pflanzensamen weiter.

Im Ostteil der Rhön sind die kargen Gebiete unter dem Namen »Thüringer Rhönhutungen« in einem Naturschutzgroßprojekt zusammengefasst worden. Besonders schöne Kahl- und Wacholderheiden findet man am Wunschberg und im Gründchen bei Oberkatz, am sonnenverwöhnten Kolben über Fischbach oder auf dem Kahlköpfchen bei Roßdorf. Für mehr als fünf Millionen Euro wurden untypische Gehölze entfernt, Weiden miteinander verbunden, an den Kernzonen des Schutzgebiets sind Ställe und Tränken entstanden. Im Jahre 2015 ist die Förderung ausgelaufen, das Bundesamt für Naturschutz stuft die Kulturlandschaft als »dauerhaft gesichert« ein. Das funktioniert natürlich nur, wenn sich der Mensch zurückhält. Genießen Sie die südländische Atmosphäre, atmen Sie den besonderen Duft, aber lassen Sie Fahrräder, Pferde oder gar Motocross-Räder zu Hause. Denn der Slogan »Schützen durch Nutzen« (der mit einem zweiten ü noch schöner, aber falsch wäre) bezieht sich aufs Schaf. Und nicht auf den Mensch.

Adresse Bernshäuser Straße, 98590 Roßdorf | ÖPNV Bus 460, Haltestelle Schule | Anfahrt B 285, in Dermbach Richtung Wiesenthal/Roßdorf abbiegen, im Ort Richtung Bernshausen, nach etwa 500 Metern Infotafel an der Rückseite des Berges | Tipp Rund um das kleine Schloss in der Ortsmitte von Roßdorf liegt ein hübscher Campingplatz, dessen niederländische Besitzer ihre Landsleute in die Rhön locken wollen.

97 Der Feuerberglift

Sesselbahn a. D.

Ganz besonders reizvoll ist die Rhön an kalten Wintertagen. Während über den Tälern oft die Nebelschwaden wabern, lugen die Berge aus der grauen Suppe hervor und liegen in gleißendem Sonnenschein. Wenn jetzt auch noch Frau Holle fleißig war, gibt es für die Brettlfans kein Halten mehr.

Tatsächlich bietet die Rhön dem alpinen Skifahrer für deutsche Mittelgebirgsverhältnisse eine erstaunliche Auswahl an Pisten. Am schneesichersten fährt es sich an den Nordosthängen der Wasserkuppe, hier kann auf den meisten Abfahrten maschinell nachgeholfen werden, falls sich die Natur längerfristig nicht in Flockenlaune zeigt. Und wenn genügend Schnee liegt, dauert das Skivergnügen hier oft bis in den Abend, denn die zentralen Pisten sind mit einer Flutlichtanlage ausgestattet.

Mehr Pistenkilometer (15 insgesamt, um genau zu sein) gibt es auf der bayerischen Seite am Kreuzberg. Der Dreitannenlift dort kann sich nicht nur rühmen, der längste der gesamten Region zu sein, sondern wohl auch der mit dem größten Höhenunterschied Deutschlands außerhalb der Alpen. Abgesehen davon wirbt der Kreuzberg mit der steilsten Piste der Rhön, die das Skigebiet Simmelsberg bei Gersfeld allerdings auch für sich beansprucht.

Traurig sieht die Situation derzeit am Feuerberg beim fränkischen Langenleiten aus. Dort haben sich die Betreiber entschlossen, den einzigen Sessellift weit und breit mit der dazugehörigen Skiarena aus wirtschaftlichen Gründen stillzulegen. Die schneearmen Winter und der technische Renovierungsstau ließen weitere Investitionen nicht mehr rentabel erscheinen. Sehr schade, denn die kurzen Wege aus den Ballungszentren und die familienfreundlichen Abfahrten machen die Rhön besonders für Einsteiger zu einem tollen Skirevier. Und bei Tageskartenpreisen zwischen 15 und 17 Euro ist der Spaß im Schnee hier deutlich weniger elitär als bei der alpenländischen Konkurrenz.

Adresse Feuerbergstraße, 97657 Sandberg-Langenleiten | ÖPNV Bus 8182, Haltestelle Langenleiten Kirche, von dort zu Fuß weiter, etwa 20 Minuten | Anfahrt A 7, Ausfahrt Bad Brückenau/Wildflecken, bei Wildflecken Richtung Langenleiten abbiegen, nach einigen Kilometern direkt an der Staatsstraße | Öffnungszeiten auf absehbare Zeit geschlossen | Tipp Auf dem Kunst-Anger in Langenleiten haben sechs lokale Künstler ihre Werke aufgestellt. Vielfältig und sehenswert.

98__Die Rekord-Linde

Alt wie ein Baum

Die größte Berühmtheit der Gemeinde Schenklengsfeld ist 2017 genau 1.257 Jahre alt geworden. So steht es zumindest auf einem Stein, der zwischen den vier Stammteilen des ältesten Baumes Deutschlands thront. »Gepflanzt im Jahre 760«, heißt es da; niemand weiß, wann dieser Stein aufgestellt wurde, nur garantiert nicht im Jahr 760. Deswegen ist das genaue Alter der Linde nicht festzustellen, aber selbst die ARD und »Die Zeit« haben schon darüber berichtet, dass es im ganzen Land keinen älteren Baum gibt, und denen wollen wir das mal glauben.

Eigentlich sieht die Linde eher aus wie vier einzelne Bäume, die sich knorrig in verschiedene Richtungen strecken. Es ist aber bewiesen, dass alle Teile aus einem gemeinsamen Wurzelstock stammen. Laut Legende soll vor langer Zeit ein Blitzschlag für die Vierteilung des Baumes verantwortlich gewesen sein, für diese Theorie fehlt – wie es bei Legenden so üblich ist – allerdings der wissenschaftliche Nachweis.

Sicher ist dagegen, dass die Linde im Lauf ihres Lebens nicht nur schöne Dinge gesehen hat. Der Fund eines Schließeisens belegt, dass Menschen in den vergangenen Jahrhunderten gegen ihren Willen an den Baum gekettet wurden, oft genügte hierfür schon eine Lebensweise leicht abseits des kirchlichen Mainstreams. Von diesen unschönen Zeiten darf sich die betagte Botanik heutzutage auf einem massiven Gerüst erholen, das gemeinsam mit ein paar zusätzlichen Stammstützen dem Rekordbaum Halt verleiht. Möglicherweise könnte Schenklengsfeld mit dieser Sehenswürdigkeit ersten Ranges noch mehr Besucher anlocken, wenn man den umgebenden Platz etwas liebevoller gestalten würde. Bisher wirkt er, um es mal vorsichtig zu sagen, stadtplanerisch ein wenig unaufgeräumt. Aber auch das wird irgendwann kommen, und die Linde wird es zu gegebener Zeit erfreut miterleben. In 1.257 Jahren hat man schließlich gelernt, sich in Geduld zu üben.

Adresse An der Linde, 36277 Schenklengsfeld | **ÖPNV** Bus 340 oder 345, Haltestelle Ortsmitte | **Anfahrt** B 62, Abzweig Schenklengsfeld, in der Ortsmitte den Schildern zum Gasthof »Zur Linde« folgen, parken an der Linde oft schwierig | **Tipp** Über dem Ortsteil Oberlengsfeld liegt die Ruine der Burg Landeck, namensgebend für den historischen Verwaltungsbereich »Landecker Amt«, hier und da wird der Begriff heute noch genutzt.

99_Die nummerierten Straßen

Zahlen zum Prahlen

Postalisch umweht den kleinen Ort ein Hauch der großen, weiten Welt. Denn in puncto Straßennamen geht es hier zu wie in New York, Chicago oder Los Angeles. Wippershain, 8. Straße oder 102. Straße, hier eine ganz normale Adresse.

Und das kam so: Seit der Gebietsreform 1972 gehört das Dorf zur Gemeinde Schenklengsfeld. Die hatte plötzlich 14 Ortsteile und ein Problem. Denn einige Straßennamen gab es jetzt doppelt. Außerdem drohte der Name der neuen Teilorte aus der Adresse zu verschwinden, für die Angabe »Schenklengsfeld-Wippershain« mit ihren 26 Buchstaben und einem Bindestrich reichten viele Formulare einfach nicht aus. So entstand die Idee, den Ortsnamen vor die Straßen zu setzen – und diese durchzunummerieren.

Es ist nicht ganz einfach, das System zu verstehen, aber es gibt eines. Vom zentralen Platz zweigen vier Straßen ab. Stellen wir uns kurz vor, dieses Plätzchen sei eine Uhr. Die dritte Straße liegt in der Richtung, in die die Zeiger deuten würden, wenn es 3 Uhr wäre. Demzufolge befindet sich die neunte Straße genau gegenüber, analog verhält es sich mit der sechsten und der zwölften Straße. Die jeweils erste rechts abzweigende Straße erhöht die Zahl um eine Ziffer, beginnend bei 1. Der erste Abzweig von Straße Nummer 10 ist also die Straße 101, die zweite die 102. Okay, das lässt den Ort mit seinen 630 Einwohnern ein wenig größer erscheinen, aber System ist nun mal System.

Natürlich gibt es auch noch Hausnummern. Die korrekte Adresse vom »Ferienhaus Alte Backstube« – nur um mal ein Beispiel zu nennen – ist also Wippershain 10. Straße 18, 36277 Schenklengsfeld. Was gibt es sonst noch zu sagen? Ach ja, von der Wippershainer Höhe hat man einen schönen Blick auf die Kuppenrhön, deren neun Kegelberge man anhand eines Merksatzes lernen kann. Der befindet sich ganz am Ende des Buches, er würde in diesem Kapitel nur noch mehr verwirren.

Adresse Wippershain, 36277 Schenklengsfeld | **ÖPNV** Bus 345, Haltestelle Wippershain | **Anfahrt** ab der B 62 Richtung Bad Salzungen, ab Bad Hersfeld ausgeschildert | **Tipp** Am Frankfurter Flughafen steht ein Lego-Modell des Airbus A 380, das in 300-stündiger Arbeit vom Wippershainer Nils Hartwig gebastelt wurde.

100_ Dankmar Adlers Geburtsort

Hoch hinaus

Vor rund 200 Jahren herrschte in Stadtlengsfeld reges jüdisches Leben. Fast die Hälfte der Einwohner gehörte damals dieser Religion an, die kleine Stadt hatte den größten jüdischen Bevölkerungsanteil im ländlichen Raum weit und breit. Die koschere Metzgerei, die Synagoge, das Schulhaus, alles lag dicht beieinander – ein richtiges kleines Schtetl in der christlichen Rhön.

Und genau dort wird 1844 Dankmar Adler geboren, ein Mann, der später in einem ganz anderen Teil der Welt Geschichte schreiben wird. Zehn Jahre ist der kleine Dankmar alt, als sich sein Vater, Lehrer und Rabbi, und die Stiefmutter entscheiden, mit ihren fünf Kindern in Amerika ein neues Leben zu beginnen. Zunächst geht es nach Detroit, später nach Chicago. Schon früh fällt der Junge aus Deutschland durch sein Interesse für Geometrie und Algebra auf. Nach der Schule wird er Architekt, arbeitet in verschiedenen Firmen, bis er 1880 schließlich mit Louis Henry Sullivan eine Partnerschaft eingeht.

Und diese beiden Herren entwerfen Gebäude, die bis heute faszinieren. Das Auditorium Building in Chicago zum Beispiel, bei seiner Fertigstellung der größte zusammenhängende Komplex der Vereinigten Staaten. Oder das Wainwright-Gebäude in St. Louis. Kein Haus in den USA war 1890 höher als dieses von Adler und Sullivan. Auch wenn 44 Meter für einen Wolkenkratzer heute keine besonders faszinierende Höhe mehr sind, haben die beiden Konstrukteure mit der erstmals eingesetzten Stahlskelettbauweise Architekturgeschichte geschrieben.

Im Jahr 1900 stirbt Dankmar Adler nach einem Schlaganfall. Auf einem Friedhof in Chicago steht sein Grab: eine Säule aus der Central Music Hall, die er einst selbst konzipiert hatte. Und die natürlich, wie es sich für einen der Väter der Wolkenkratzer gehört, deutlich höher ist als alle anderen Grabmale drum herum.

Adresse Geburtshaus Ratsgasse 15, 36457 Stadtlengsfeld | **ÖPNV** Bus 111, Haltestelle Dermbacher Straße | **Anfahrt** B 285 oder B 62, Abzweig Stadtlengsfeld, parken in der Ortsmitte, Friedhof am Roten Graben, parken im Wohngebiet | **Tipp** Führungen über den jüdischen Friedhof Stadtlengsfeld am Roten Graben mit mehr als 600 Grabmalen sind nach Anmeldung bei der Stadtinformation möglich.

101 Der Gasthof Zur Rhön

Je Distel, desto regional

Es ist ja gar nicht so einfach, im Wust deutscher Zertifizierungen die Übersicht zu behalten. Selbst im Mikrokosmos Rhön sind allerlei Logos im Umlauf, die unterschiedliche Aussagekraft haben. Sehr bekannt ist der grüne, geschwungene Schriftzug des Identitätszeichens Rhön. Dieser darf von Privatpersonen und Betrieben genutzt werden, allerdings nicht auf verkäuflichen Produkten abgedruckt werden. Für diesen Zweck wird der Schriftzug mit einem grünen Oval und den Worten »Qualität aus dem Biosphärenreservat« ummantelt. Dieses Qualitätssiegel nutzen rund 160 Hersteller verschiedener Waren, Handwerks- und Dienstleistungsunternehmen. Die Regionalität und umweltschonende Herstellung ihrer Produkte wird kontrolliert. Dasselbe Signet mit dem Zusatz »Bio« garantiert die Einhaltung von regionalen und ökologischen Kriterien gemäß der entsprechenden EU-Verordnung.

Und dann gibt es noch die Silberdisteln. Die prangen meist an Gasthöfen und geben Auskunft darüber, wie viele Zutaten aus der Rhön kommen. Eine Distel garantiert einen Einsatz von mindestens 35 Prozent regionaler Ware, zwei stehen für 45 Prozent. Und wer sich mit drei Silberdisteln schmückt, kauft – wie beispielsweise der Tanner Gasthof »Zur Rhön« – 65 Prozent seiner Ingredienzen von Betrieben aus der Nähe.

Neben den Disteln hängt vor Restaurants auch gern noch ein krähender Hahn, Logo des Gastgeberverbands »Rhöner Charme«. Mehr als 40 Lokale in allen drei Bundesländern haben sich in dieser Initiative zusammengeschlossen, die sich die Bewahrung regionaler Spezialitäten auf die Fahne schreibt. Jedes Jahr werden mit einem neuen Motto andere Schwerpunkte gesetzt und die Gastronomen damit angeregt, auch Klassiker mal neu zu interpretieren. Es kann schon vorkommen, dass die Vielzahl der Kennzeichnungen ein wenig verwirrt. Aber eine Region mit vielen Qualitäten darf sich diese ruhig auch selbst bescheinigen.

Adresse Marktplatz 12, 36142 Tann (Rhön) | **ÖPNV** Bus 20, Haltestelle Stadttor | **Anfahrt** direkt an der B 278, Parkplätze am Markt | **Öffnungszeiten** Mo, Di, Do – So 9 – 14 und 17 – 22 Uhr | **Tipp** Sowohl der Gasthof »Zur Rhön« in Tann als auch die »Krone« nebenan haben eigene Metzgereien. Fleisch und Wurst sind von hervorragender Qualität und aus großstädtischer Perspektive sehr preiswert.

102 Das Stadttor-Ensemble

Hübsches Hindernis

Nirgendwo wartet es sich so romantisch an einer Ampel wie in Tann. Grund für diesen kurzen Moment der Muße ist das Stadttor. Es gehört zu den Rhöner Wahrzeichen schlechthin und ist mit seinen 450 Jahren auf dem Buckel viel zu schmal und zu niedrig, um mit der Verkehrsbelastung einer Bundesstraße zurechtzukommen. Deswegen sind Wartezeiten ein allgegenwärtiger Reisebegleiter auf der B 278, aber einen feineren Logenplatz während einer Rotphase kann man sich kaum wünschen.

Eberhard von der Tann ließ das Tor 1557 zur Verteidigung der Stadt anlegen. Später wurden hier Tunichtgute in Arrest genommen, noch später war das Renaissance-Gebäude mit den zwei bauchigen Türmen sogar mal Jugendherberge. Nach dem Krieg wurde die sandsteinerne Pforte zur Stadt privat bewohnt, später folgte Leerstand, heute sind ein kleines Museum und ein Trauzimmer über dem Torbogen untergebracht. Wer von Süden kommt und genau hinschaut, entdeckt am rechten Oberrand dieses Bogens übrigens ein paar Steine, die heller sind als die anderen. Hier musste ein wenig ausgebessert werden, nachdem 1945 ein amerikanischer Panzer mit seinem ausgefahrenen Kanonenrohr am Wahrzeichen hängen blieb.

Spannend ist aber auch die Annäherung aus Norden, also von der Stadtseite her. Denn hier hängen linker Hand zwei Häuser am Tor, die stilistisch so gar nicht zum Rest des Gesamtbilds passen wollen. Das größere mit dem fein gearbeiteten Balkon strahlt eine fast großstädtische Grandezza aus und wurde um die vorige Jahrhundertwende vom Volksmund als »Karstadt von Tann« bezeichnet. An den typischen Dachlagerräumen erkennt man bis heute seine Vergangenheit als Kaufhaus, betrieben von der jüdischen Händlerfamilie Heilbronn. Zu Spitzenzeiten waren fast 13 Prozent der Tanner Bevölkerung Juden. Viel mehr als ein Denkmal für die zerstörte Synagoge am oberen Marktplatz ist in der Stadt von ihrem Wirken aber leider nicht erhalten geblieben.

Adresse Am Stadttor 10, 36142 Tann (Rhön) | **ÖPNV** Bus 20, Haltestelle Stadttor | **Anfahrt** B 278, das Stadttor steht bei der Ortsdurchfahrt mehr als eindeutig im Weg | **Öffnungszeiten** Besichtigungen über die Stadtverwaltung, Marktplatz 9 oder unter Tel. 06682/96110 | **Tipp** Das Rhöner Museumsdorf ist ein kleines Freilichtmuseum mit drei wiederaufgebauten Anwesen, nebenan liegt das Naturmuseum, Kombitickets sind günstiger.

103__Das Rhönerland Zentrum

Regentagsrefugium

Mal ehrlich: In puncto Schönheit kann es die Rhön durchaus mit europäischen Top-Tourismus-Hotspots wie der Toskana oder der Provence aufnehmen. Wenn sie denn nur nicht in der gemäßigten Westwindzone der mittleren nördlichen Breiten liegen würde. Was nichts anderes bedeutet, als dass die höchsten Gipfel im Mai noch mal ein weißes Mützchen bekommen können und es im Hochsommer auch schon mal eine Woche am Stück regnet. Aber für den Fall der Fälle gibt es in Wendershausen ja das Rhönerland Zentrum.

Patrick und Silke Kreuzberg haben in einer ehemaligen Stuhlfabrik ein Schlechtwetterparadies für die ganze Familie gezaubert. Auf 3.500 Quadratmetern können sich die Kinder auf dem größten Indoor-Spielplatz der Region bis zur Erschöpfung austoben. Riesenrutsche, Trampoline und sogar ein Hochseilgarten, da lässt man die Playstation doch gern mal einen Tag aus. Als neueste Attraktion bringt eine Schwarzlicht-Arena Kinderaugen zum Glänzen – wenn man sie in der Dunkelheit denn sehen könnte.

In einer Halle nebenan wartet eine abenteuerliche Minigolfanlage auf große und kleine Einlocher. Hier müssen Schafe, Äpfel und Kuhfladen umspielt werden, der Ball rollt vorbei an der Ulsterquelle und durchs berühmte Stadttor von Tann. Mehr Rhön geht nicht. Trickreich ist die Mauselochbahn: Nur ein Loch ist das richtige, alle anderen befördern den Ball wieder vor die Füße des verdutzten Kleingolfspielers. Unübersehbar, dass die Macher beim Planen dieser Anlage mindestens so viel Spaß hatten wie ihre Gäste beim Spielen.

Im Erdgeschoss schließlich gibt's im Rhön-Dorf alles, was die Umgebung sonst so zu bieten hat. Vom Honig über Wurst und Schnäpschen bis hin zur Schafmilchkosmetik. Alles um die Ecke produziert und handverlesen von den Kreuzbergs, wahrscheinlich den einzigen Rhönern, die schlechtes Wetter richtig gut finden.

Adresse Hauptstraße 6, 36142 Tann (Rhön) | **ÖPNV** Bus 20, Haltestelle Wendershausen Raiffeisen | **Anfahrt** in der Ortsdurchfahrt Wendershausen direkt an der B 278 | **Öffnungszeiten** RhönRäuberPark und Abenteuer Golf Rhön: Mo–Fr 14–19 Uhr, Sa, So und Feiertage 11–19 Uhr; Rhön-Dorf: Mo–Fr 10–18 Uhr, Sa 10–17 Uhr, So 13–17 Uhr | **Tipp** Im benachbarten Lahrbach steht das »Landhaus Kehl«. Gutes Essen, schöne Zimmer und ein bisschen Glamour wegen Sohn Sebastian, 31-facher Fußballnationalspieler und deutscher Meister mit Borussia Dortmund.

104_Der Zeppelinstein

Abgestürzt

Eine Oktobernacht im Jahr 1917. In Europa tobt der Erste Weltkrieg, zum ersten Mal werden bei einer militärischen Auseinandersetzung auch Angriffe aus der Luft geflogen. Deutsche Zeppeline werfen Bomben über England ab, mit dabei der LZ 101, ein knapp 200 Meter langes Luftschiff aus Friedrichshafener Produktion, gerade einen guten Monat alt.

Bei seinem zweiten Einsatz über den Britischen Inseln wird der LZ 101 beschädigt, das Funkgerät fällt aus, möglicherweise mangelt es auch an Treibstoff. Kommandant Flemming lässt das Luftschiff immer höher steigen, nur weg vom Feind, die Orientierung geht verloren. Irgendwann schwebt der Zeppelin in 7.500 Metern Höhe, unfreiwillig, aber bis heute gültiger Rekord für dieses Verkehrsmittel. Schließlich gelingt es der Besatzung, das riesige Gerät irgendwie nach unten zu bringen und auf der baumlosen, »Wacht« genannten Hochebene über dem Werratal bei Tiefenort zu landen. Glücklicherweise entzündete sich das Traggas nicht, die Katastrophe blieb aus.

Aus der ganzen Gegend eilten die Menschen herbei, halfen, gafften und staunten. Und als irgendwann klar war, dass der LZ 101 nicht mehr zu retten war, machten sie sich über das notgelandete Objekt her. Ganz wunderbar konnte man in Zeiten der kriegsbedingten Materialknappheit Schürzen und Säcke aus der Stoffhülle des Luftschiffs nähen, an so eine Qualität kam man nur selten ran.

Heute trifft man in Deutschland an vielen Orten auf Zeppelinsteine, die an Notlandungen oder Katastrophen mit diesen fragilen Giganten des Himmels erinnern. Nicht jeder Besatzungschef hatte das Glück, die Einweihung seiner Gedenkstätte noch miterleben zu können. Kommandant Flemming war 1937 in Tiefenort dabei, als der dortige Zeppelinstein errichtet wurde. Und schon zwei Jahre später brach der nächste Krieg über Europa herein, mit weniger Luftschiffen und noch mehr Toten.

Adresse Weißendiezer Weg, 36469 Tiefenort | **ÖPNV** Bus 102, Haltestelle Regelschule, dann zu Fuß etwa 25 Minuten weiter | **Anfahrt** B 62, Abzweig Tiefenort, im Ort parken in der Straße »Am Schafberg«, ab dort laufen | **Tipp** Eine kleine Wanderung führt zur Krayenburg über dem Werratal, dort gibt's die Ruine der alten Burg, ein Hotel-Restaurant und einen schönen Aussichtsturm.

105 Das Biosphärenreservat

Natur UND Mensch

Die Rhön ist Biosphärenreservat. Darauf ist sie stolz und schreibt es überallhin. Der Begriff klingt nach Blumenwiese, bunten Schmetterlingen und umhertollenden Lämmchen. Also mindestens irgendetwas zwischen Natur- und Nationalpark. Der Umweltschutz allein ist aber gar nicht das vorrangige Ziel eines solchen Projekts.

Die UNESCO, die diesen Titel vergibt, sieht in einem Biosphärenreservat zwei Hauptakteure: den Menschen und die Natur. Dabei geht es – anders als in einem Nationalpark – nicht darum, bestimmte Gebiete vor menschlichem Zugriff zu schützen und die Rhön in einem bestimmten Stadium zu belassen und in musealem Stillstand einzufrieren. Entwicklung soll stattfinden in Landwirtschaft, Handwerk und Tourismus, aber die Neuerungen sollen nachhaltig, naturverträglich und landschaftsschonend sein. Viele Generationen vor uns haben es geschafft, sich mit regionalen Lebensmitteln zu ernähren, mit heimischen Materialien zu bauen und die vorhandenen Ressourcen zu nutzen, ohne sie auszubeuten. Warum also nicht von ihnen lernen – und das Gute der Vergangenheit mit den Annehmlichkeiten von heute kombinieren?

Das Reservat verteilt sich über drei Bundesländer und ist fast so groß wie das Saarland. Drei Prozent der Fläche gehören zur Kernzone, hier kann sich die Natur ohne Eingriff des Menschen entwickeln. Weitere 20 Prozent, die sogenannten Pflegezonen, dürfen für ökologische Land- und Forstwirtschaft genutzt werden, außerdem sind Maßnahmen zur Landschaftspflege und ein naturschonender Tourismus möglich. Den weitaus größten Teil des Biosphärenreservats machen die Entwicklungszonen aus. Was Auflagen angeht, bekommen die Bewohner hier kaum mit, dass sie in einem UNESCO-geschützten Gebiet leben. Mehr zum Thema Biosphärenreservat erfahren Einheimische und Gäste in den Infozentren auf der Wasserkuppe, in Wildflecken, Oberelsbach und in der Propstei Zella in Thüringen.

Adresse Wasserkuppe 8, 36129 Gersfeld (Rhön) | **ÖPNV** Mo–Fr Rufbus 37 (Vorbestellung unter www.lng-fulda.de), Haltestelle Wasserkuppe; Sa–So Bus 35 oder 90 | **Anfahrt** B 284, Wasserkuppe ist hinlänglich ausgeschildert, Parken kostet zwei Euro | **Öffnungszeiten** April–Okt. Di–So, Feiertage 10–18 Uhr, Nov.–Jan. und März 11–16 Uhr, Feb. geschlossen | **Tipp** Die Rhön ist außerdem »Sternenpark«, weil wegen der geringen Lichtverschmutzung besonders viele Himmelskörper zu sehen sind. Sternenkarten zum Download gibt es unter www.sternenpark-rhoen.de.

106 Wiegands Wunderwelt

Rutsch- und Rodelrummel

Mit einem Urlaub Ende der 50er Jahre in den Alpen fing alles an. Dort hatte der Rasdorfer Josef Wiegand seinen ersten Schlepplift gesehen. Und weil es Schnee und Berge auch in seiner Heimat gab, stand für Wiegand fest: Auch die Rhön muss zum Skirevier mit mechanischen Aufstiegshilfen werden. Nach einer miserablen ersten Saison 1963 (Schnee erst im Februar!) sprach sich in der Gegend schnell herum, dass es da auf Hessens höchstem Berg ein seltsam schnaufendes Gerät mit VW-Motor gab, das die Brettlfans recht mühelos bergauf beförderte. Der alpine Skizirkus war in der Rhön angekommen und nahm in den folgenden Jahren Kurs auf Wachstum.

Nun ist die Rhön zwar unwirtlich und kalt, aber entgegen anderslautender Gerüchte gibt es aufs Jahr gesehen doch mehr Tage ohne Schnee als mit. Weil Wiegand seine Lifte aber nicht nur im Winter laufen lassen wollte, kam er auf die Idee mit der Sommerrodelbahn. Die erste spartanische Konstruktion entstand in den 70ern, nach und nach wurde professionalisiert und somit am Osthang der Wasserkuppe für Ganzjahresgekreische gesorgt.

Heute hat sich das Areal rund um die Märchenwiesenhütte zu einer Art Open-Air-Showroom der Firma Wiegand ausgewachsen. Rhönbob, Hexenbesen, Wie-Li, vom Draufgänger bis zum Genießer ist für jeden das Richtige dabei, einmal gekaufte Tickets können auf allen Anlagen eingesetzt werden.

Die modernsten Gerätschaften aus hessischer Produktion stehen allerdings eher fern der Heimat. Rund 450 Rodelbahnen gibt es weltweit, Wasser- und Trockenrutschen aus der Rhön findet man auf allen fünf Kontinenten, und manche schippern sogar auf Kreuzfahrtschiffen über die Weltmeere. 250 Mitarbeiter planen und fertigen in Rasdorf Geräte, von denen man sich auf alle erdenklichen Arten hinunterstürzen kann, sorgen für große Kinderaugen und für einen nicht zu unterschätzenden Wirtschaftsfaktor im ehemaligen Zonenrandgebiet.

Adresse Wasserkuppe 60, 36129 Gersfeld (Rhön) | **ÖPNV** Mo–Fr Rufbus 37 (Vorbestellung unter www.lng-fulda.de), Haltestelle Wasserkuppe; Sa–So Bus 35 oder 90 | **Anfahrt** B 284, Abzweig Wasserkuppe, parken auf dem Gipfel, kurzer Fußmarsch übers Plateau | **Öffnungszeiten** bei trockener Bahn und ohne Schnee täglich | **Tipp** Wer alle Attraktionen ausprobieren will, spart mit dem Sechser-Ticket Geld. Außerdem werden Tageskarten, auch inklusive Kletterwald, angeboten.

107_Das Damenstift

Unterkunft der Unberührten

Der Hamburger Jungfernstieg ist eine der berühmtesten Straßen Deutschlands. Nicht ganz so bekannt ist das gleichnamige Wasunger Pendant, zumal das Gässchen in der Altstadt nur früher und hinter vorgehaltener Hand so genannt wurde. Es war die direkte Verbindung vom Damenstift zur Kirche und daher eine beliebte Route bei den unangetasteten Madamen.

Bernhard Marschalk von Ostheim hatte keine Kinder, aber Geld. Das sollte nach seinem Dahinscheiden nicht in den Händen der Verwandtschaft landen. Deswegen gründete er 1596 eine Stiftung, die sich um alleinstehende Töchter und Witwen aus Adelsfamilien kümmern sollte. Ein paar Jahrzehnte zuvor wären solcherlei Damen wahrscheinlich noch ins Kloster gesteckt worden, in der reformierten Grafschaft Henneberg hatte man sämtliche Monasterien aber gerade aufgelöst. Deswegen stattete Marschalk das Stift mit 8.000 Gulden aus, von deren Zins und Zinseszins die unbemannten Damen »gottselig, fromm und ehrbarlich« leben sollten. Und das taten sie mehr als 300 Jahre, erst 1931 starb mit Emilie Karoline Ida Freiin von Stein die letzte Bewohnerin.

Heute macht das mächtige, allein stehende Fachwerkhaus am nördlichsten Zipfel der Wasunger Altstadt einen idyllischen Eindruck. Das Leben darin war aber alles andere als ein Zuckerschlecken. Die Frauen waren den Befehlen des Pfarrers unterstellt, sie durften das Gelände nur nach Absprache verlassen, ihre Zimmer und die Gemeinschaftsküche waren fern von jedem Luxus. Nach dem Krieg hatte die DDR Privatwohnungen in dem historischen Gebäude eingerichtet, im industriereichen Werratal wurde jede Art von Wohnraum gebraucht. Mittlerweile ist der prächtige Bau komplett saniert und zum Stadtmuseum umgestaltet worden. Und der schönste Raum des ganzen Anwesens mit seiner reich verzierten Stuckdecke dient heute ironischerweise genau für das, was seinen früheren Bewohnern verwehrt geblieben war: Eheschließungen.

Adresse Untertor 1, 98634 Wasungen | **ÖPNV** Süd-Thüringen-Bahn, Haltestelle Wasungen Bahnhof, von dort aus zu Fuß etwa 10 Minuten | **Anfahrt** direkt an der B 19, parken in der Ortsmitte | **Öffnungszeiten** Di–Fr 10–12 und 13–16 Uhr, Sa 10–12 Uhr, So 14–16 Uhr | **Tipp** Wasungen ist die Karnevalshochburg der Region schlechthin. Am Samstag vor Rosenmontag zieht ein riesiger Umzug mit mehr als 80 Wagen durch die Stadt.

108_Der Forstbotanische Garten

Aus aller Welt

Für die meisten ist Wasungen einfach nur ein Durchgangsort auf der Strecke zwischen Meiningen und Eisenach, bekannt und berüchtigt für die letzte fehlende Umgehungsstraße in diesem Abschnitt an der Werra. Und während sich im Tal jeden Tag fast 14.000 Autos und Lkw mitten durch die historische Altstadt quälen, ahnen die wenigsten, welche Oase der Ruhe ihnen in einem kleinen Seitental entgeht.

Bäume, Sträucher und Stauden laden zu einer botanischen Weltreise auf kleinstem Raum ein. Vom Mammutbaum zum Ginkgo – hier sind Nordamerika und Ostasien nur ein paar Schritte voneinander entfernt. Dazwischen Bachläufe, ein kleiner See und immer wieder heideartige Flächen. Und natürlich diese phantastischen Rhododendren, die den Garten zur Blütezeit in ein wahrhaft berauschendes Farbenmeer verwandeln. Oft muss sich der Besucher diese Pracht oft nur mit Bienen und Hummeln teilen, nur selten schnaufen Menschen die steilen Serpentinen hoch, allerdings ist auch die Anfahrt mit dem Auto erlaubt.

Bei einigen Pflanzenarten mag man sich wundern, dass sie mit dem ruppigen Klima zwischen Rhön und Thüringer Wald zurechtkommen. Das Geheimnis ist wohl die sonnenverwöhnte, windgeschützte Hanglage in südöstlicher Ausrichtung, die man bei der Gründung des Gartens 1974 goldrichtig ausgewählt hatte. Außerdem kennt man sich in Wasungen mit dem Thema aus. Im Forsthaus »Kleine Zillbach«, drüben auf der anderen Talseite, wurde vor mehr als 200 Jahren Heinrich Cotta geboren. Er gilt als Vater der modernen Forstwissenschaft, die bei der Bewirtschaftung von Wäldern nicht mehr auf Ausbeutung, sondern auf Nachhaltigkeit setzt. Und so ist der Gehölzgarten oberhalb des Borntales auch eine Reminiszenz an den größten Sohn der kleinen Stadt, die eigentlich viel zu schade ist, um einfach nur durchfahren zu werden.

Adresse Borntal, 98634 Wasungen | **ÖPNV** Süd-Thüringen-Bahn, Haltestelle Wasungen Bahnhof, von dort aus zu Fuß etwa 25 Minuten | **Anfahrt** Einfahrt ins Borntal von der B 19 kurz hinter dem Damenstift, nach ein paar Serpentinen und brutalen Bodenschwellen kommt ein Parkplatz | **Öffnungszeiten** ganzjährig zugänglich | **Tipp** Auf dem Berg gegenüber dem Forstbotanischen Garten liegt Burg Maienluft. Hier schläft und schlemmt es sich mit der besten Aussicht über die kleine Stadt.

109_Der Rhäden

Ein Heim für Tiere

40 Jahre lang war hier die Welt sehr kompliziert. Das Gebiet zwischen Obersuhl, Bosserode, Kleinensee und Dankmarshausen muss der blanke Horror für die Grenzschützer der DDR gewesen sein. Denn der Verlauf der Demarkationslinie war komplett wirr, hielt sich nicht an Bachläufe, Höhenzüge oder sonstige Landschaftsmerkmale, die in irgendeiner Form eine natürliche Scheidelinie dargestellt hätten. Und mittendrin auch noch dieses unübersichtliche Feuchtgebiet.

Auf westlicher Seite begann man schon in den 1970er Jahren, die trockengelegte Auenlandschaft zu renaturieren, der östliche Teil zog nach, als Stacheldraht, Kolonnenwege und Wachttürme endlich abgebaut waren. Die Vogelwelt hat das Gelände dankbar angenommen, Naturschützer haben mittlerweile fast 250 Arten gezählt, darunter etliche Reiher, Störche, Seeadler und Kraniche. Spektakulären Besuch gab es im Sommer 2016: Ein Vogelkundler hatte einen Pelikan entdeckt, kurz darauf gelang es einem Fotografen, das Tier zu knipsen und als Rötelpelikan zu identifizieren. Eine Sensation, denn so weit in Richtung Norden verirren sich die schnabellastigen Ruderfüßer eigentlich nicht.

Ebenfalls frisch zugezogen sind zwei Herden Heckrinder und Exmoor-Ponys. Sie sind für die Beweidung gedacht und sollen so den Lebensraum für Amphibien und Wiesenbrüter noch attraktiver machen. Für die Motive der Kameras ist er es schon. An einem Sommertag erinnert der Rhäden an die Camargue oder das Donaudelta, eine idyllische Wohngemeinschaft von Weidevieh und Wasservögeln, unbedingt sehens- und schützenswert. Am bequemsten ist das Areal über einen acht Kilometer langen Rundweg zu entdecken, der an verschiedenen Beobachtungsständen vorbeiführt. Bringen Sie für eine ausführliche Entdeckungstour Zeit, Ruhe und ein Fernglas mit. Denn wer weiß, wer sich nach dem Pelikan noch so in dieses kleine Naturparadies verirrt …

Adresse Rhädenweg 15, 36208 Wildeck-Obersuhl | **ÖPNV** Regionalbahn, Haltestelle Wildeck-Obersuhl Bahnhof, von dort etwa 15 Minuten zu Fuß | **Anfahrt** A 4, Abfahrt Wildeck-Obersuhl, parken an der Schule im Ort oder an einem Abzweig an der Straße nach Dankmarshausen | **Tipp** Im benachbarten Gerstungen steht alles im Zeichen des Storchs. Ob Hinweisschilder, Marktplatzbrunnen oder im Nest auf dem Schloss – Adebar ist unübersehbar!

110 Das Wildecker Tal

Auch ohne Schloss schön

Eigentlich können wir über die ehemalige Kleinstaaterei auf deutschem Boden froh sein. Früher war es natürlich unpraktisch, dass alle paar Kilometer eine Grenze kam, aber heute profitieren wir davon, dass die meisten Landesherren kleine Angeber waren. Jeder wollte repräsentieren und baute deswegen Schlösser, Orangerien oder Lustgärten, heute oft unerwartete Schätze in der Provinz.

Genau wie das Wildecker Tal. Diesen Einschnitt ins Richelsdorfer Gebirge nutzten die Landgrafen von Hessen-Rotenburg zunächst als Jagdrevier, später als Sommersitz und ließen ihn mit allen möglichen Romantikelementen ausgestalten, die damals dazugehörten. Noch heute ist der Teich mit der Liebesinsel erhalten und natürlich der Obelisk, auffälligstes Relikt aus landgräflicher Zeit. 22 Meter schießt er in die Höhe, innen hohl, ohne jeden praktischen Nutzen. Aber ägyptischer Schnickschnack war damals eben der letzte Schrei, deswegen musste so ein Ding von Landgraf Emanuel zur Liebesbekundung an seine Leopoldina dringend aufgestellt werden.

Natürlich gehörte auch ein Schloss zum Ensemble, eigentlich sogar zwei. Das erste, Jagdschloss Blumenstein, entstand 1727 über dem Tal auf den Mauerresten der ehemaligen Burg Wildeck. Dort allerdings wucherte der Wald, stellte das Gebäude in den Schatten und sorgte bald für Feuchtigkeit in den Zimmern. Deswegen folgte schon 1770 der Neubau, diesmal im Tal, jetzt unter dem Namen Sommerschloss Blumenstein. Zusammen mit dem Park muss es eine wunderschöne Anlage gewesen sein, auch »das hessische Sanssouci« genannt. Vom Jagdschloss ist heute nur noch ein Torbogen erhalten – und auch die Geschichte des Sommerschlosses ist nicht viel erfreulicher. Knapp 100 Jahre nach seiner Errichtung ging es in preußischen Besitz über, wurde nur noch als Wohnung für Waldarbeiter genutzt und schließlich abgerissen. Klar, die Preußen hatten ja schon ein Sanssouci.

Adresse Wildecker Forst, 36208 Wildeck-Raßdorf | **ÖPNV** Bus 331, Haltestelle Raßdorf, von dort etwa 15 Minuten zu Fuß | **Anfahrt** A 4, Ausfahrt Wildeck-Hönebach, Abzweig an der Straße Hönebach-Bosserode, parken am Anfang des Geländes möglich | **Tipp** Über den besonders absurden Verlauf der innerdeutschen Grenze im Bereich Wildeck informiert der Grenzlehrpfad im Ortsteil Obersuhl. Er kann ganzjährig mit oder ohne Führung besichtigt werden.

111 Die Strecke 46

Trasse aus trüber Zeit

Ein bisschen gespenstisch ist es schon, was da vor 80 Jahren zwischen Rhön und Spessart passiert ist. 4.000 Arbeiter rücken an, um auf Hitlers Geheiß eine Autobahn zu bauen. Irgendwann sollte sie mal Würzburg mit Bad Hersfeld verbinden – und zwar auf einem weitgehend anderen Trassenverlauf als die heutige A7.

47 Bauwerke dieser unvollendeten Schnellstraße stehen zwischen Sinntal und Gemünden am Main heute noch als stumme Zeugen aus einer finsteren Zeit. Mal sind es Brückenpfeiler, mal waldüberwucherte Unterführungen, die an die gut zweijährige Bautätigkeit erinnern. Kurz nach Beginn des Zweiten Weltkriegs wurden die Arbeiten eingestellt, Mensch und Material wurden an anderen Stellen dringender benötigt.

Aus heutiger Sicht ergibt die Streckenführung von Rupboden durch den Roßbacher Forst über das Tal der Fränkischen Saale bei Gräfendorf bis nach Gemünden wenig Sinn. Kilometerlang ging es nur durch den Wald, kaum Menschen wohnten hier, die die Autobahn als Nahverbindung hätten nutzen können. Deswegen entschied man sich Anfang der 60er Jahre, die sogenannte »Strecke 46« nicht zu reaktivieren und die A7 weiter östlich zu bauen; auch, um Städte in Zonenrandlage wie Schweinfurt und Bad Kissingen besser anzubinden.

Die Arbeiten an der Strecke 46 endeten ohne betonierte Fahrbahndecke. Nach Kriegsende nahmen die Amerikaner alles mit, was man zum Weiterbau an der Trasse hatte stehen lassen: Holz, Sand, Kies, Schotter. Andere Teile wurden von der notleidenden Bevölkerung geräubert und auf dem Schwarzmarkt vertickt. Trotzdem ist der geplante Verlauf der Hitler-Autobahn auf dem Luftbild und durch die erwähnten Relikte immer noch erkennbar. Das zuständige Bayerische Landesamt hat das Gesamtwerk zu einem Technikdenkmal ernannt. Die Strecke 46 ist damit das längste Denkmal, das es im Freistaat gibt – und ein wenig zum Gruseln ist es auch.

Adresse 97799 Zeitlofs-Rupboden | ÖPNV Bus 8056, Haltestelle Rupboden Hirschgraben, danach 10 Minuten zu Fuß weiter | Anfahrt B 27, Abzweig in Bad Brückenau Richtung Staatsbad und Zeitlofs, in Rupboden liegt eine alte Brücke an der Straße nach Weißenbach kurz hinterm Ortsausgang | Tipp Zeitlofs liegt am Rhön-Sinntal-Radweg, einer wunderschönen Strecke von Gemünden am Main bis Mellrichstadt. An der Sinn noch recht harmlos, in der Rhön mit ein paar derberen Steigungen.

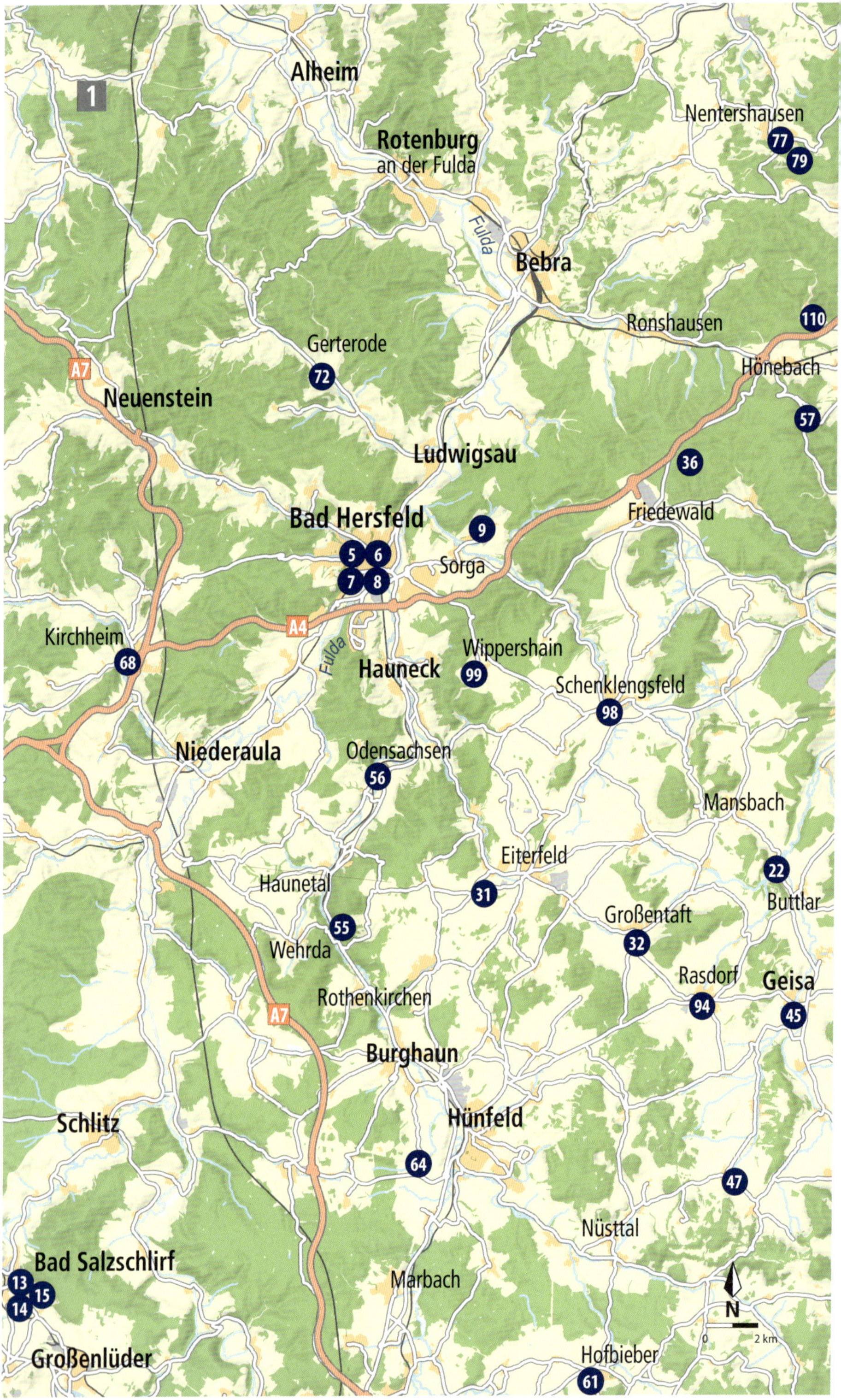
1
Alheim
Rotenburg
an der Fulda
Nentershausen
77
79
Fulda
Bebra
Ronshausen
110
Hönebach
Gerterode
72
A7
Neuenstein
57
Ludwigsau
36
Friedewald
Bad Hersfeld
9
5
6
7
8
Sorga
A4
Kirchheim
68
Fulda
Hauneck
Wippershain
99
Schenklengsfeld
98
Niederaula
Odensachsen
56
Mansbach
Eiterfeld
22
Haunetal
31
Buttlar
Großentaft
55
32
Wehrda
Rasdorf
Geisa
94
45
Rothenkirchen
A7
Burghaun
Hünfeld
Schlitz
64
47
Nüsttal
Bad Salzschlirf
13
15
14
Marbach
N
0
2 km
Großenlüder
Hofbieber
61

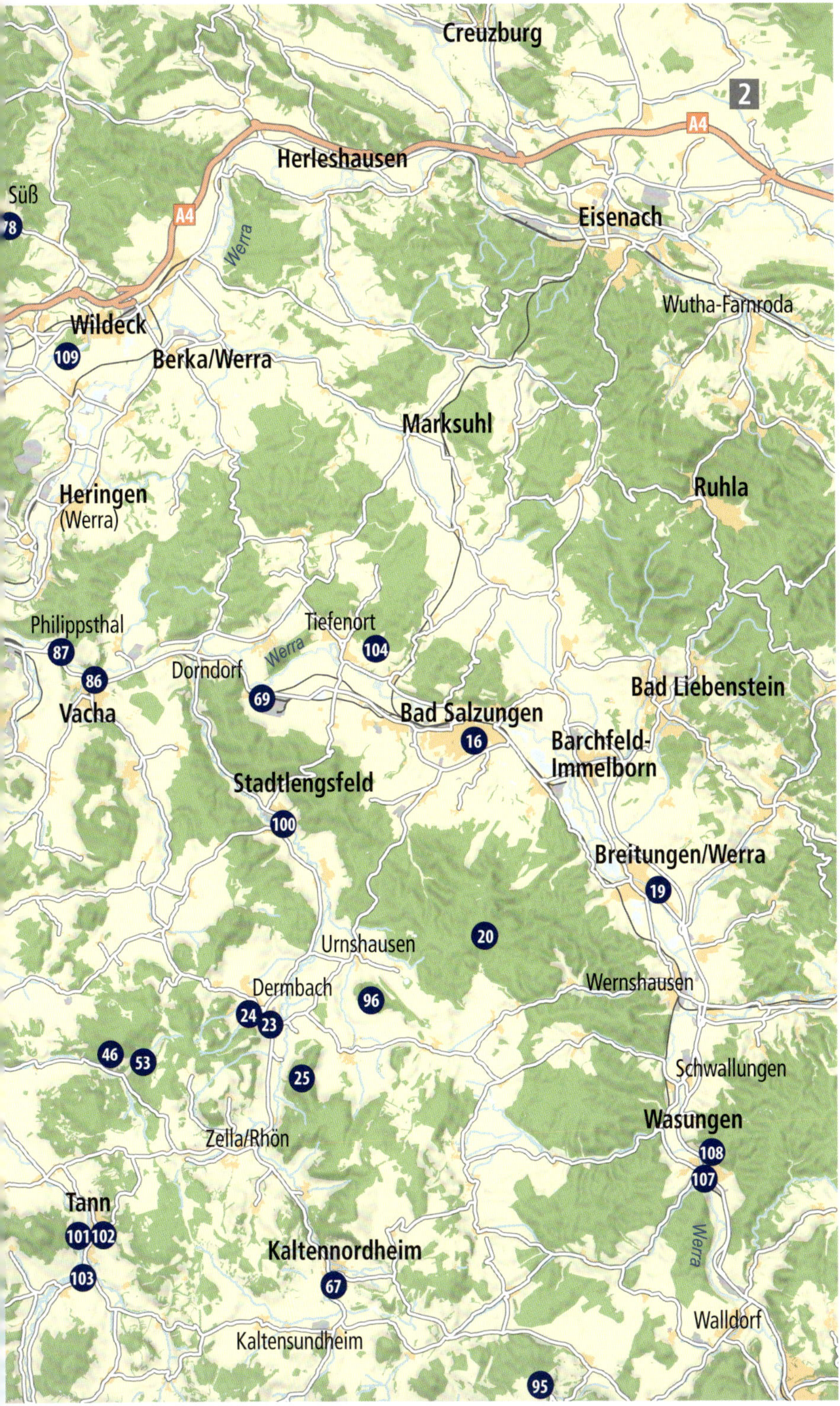

Creuzburg
2
A4
Herleshausen
Süß
78
A4
Eisenach
Werra
Wutha-Farnroda
Wildeck
109
Berka/Werra
Marksuhl
Ruhla
Heringen
(Werra)
Philippsthal
Tiefenort
87
104
Werra
Dorndorf
86
Bad Liebenstein
69
Vacha
Bad Salzungen
16
Barchfeld-
Immelborn
Stadtlengsfeld
100
Breitungen/Werra
19
Urnshausen
20
Dermbach
Wernshausen
96
24
23
46
53
Schwallungen
25
Wasungen
Zella/Rhön
108
107
Tann
Werra
101
102
Kaltennordheim
103
67
Walldorf
Kaltensundheim
95

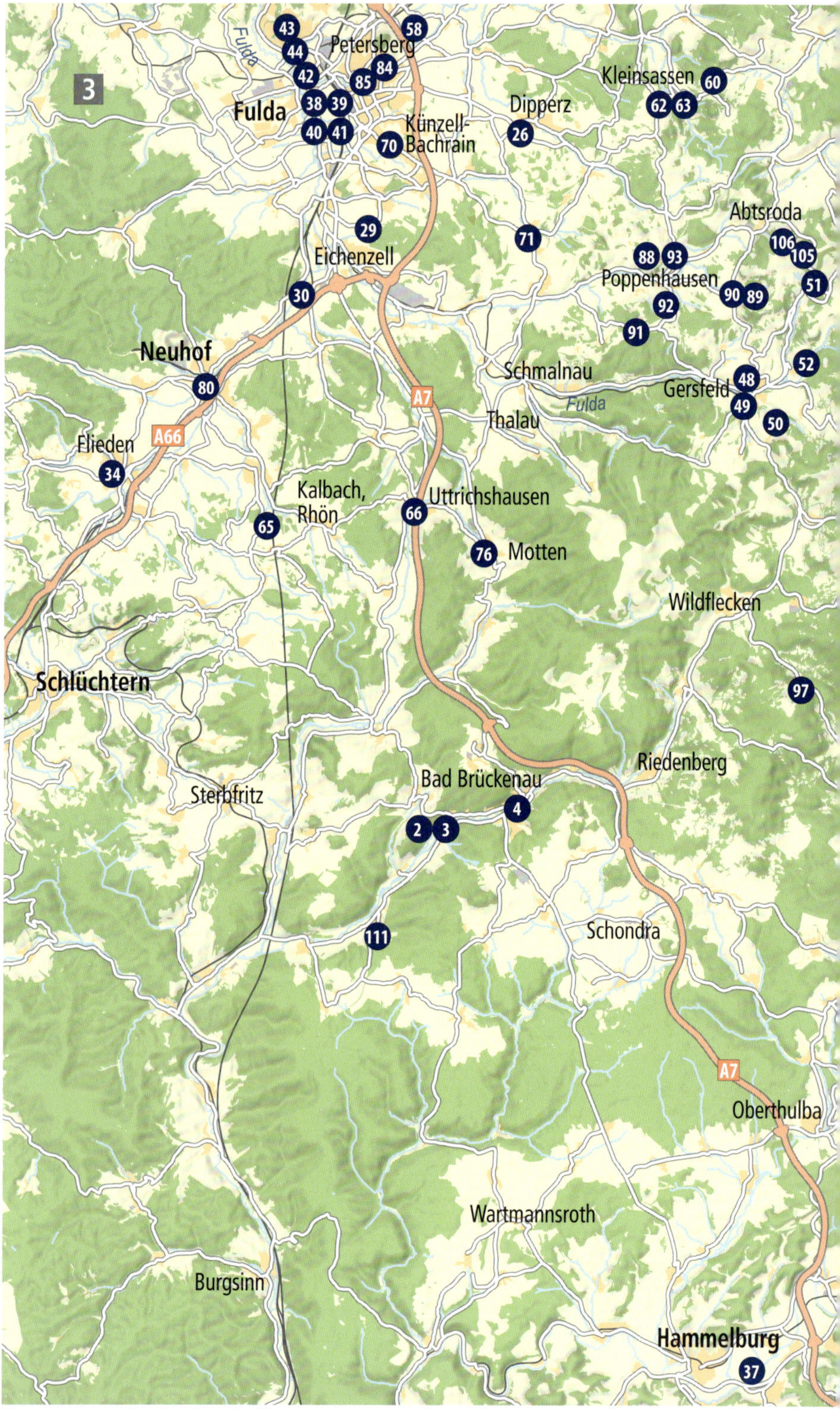
3
Fulda
Fulda
Petersberg
Kleinsassen
Dipperz
Künzell-
Bachrain
Eichenzell
Abtsroda
Poppenhausen
Neuhof
Schmalnau
Gersfeld
Fulda
Thalau
Flieden
A66
A7
Kalbach,
Rhön
Uttrichshausen
Motten
Wildflecken
Schlüchtern
Riedenberg
Bad Brückenau
Sterbfritz
Schondra
A7
Oberthulba
Wartmannsroth
Burgsinn
Hammelburg
43
44
42
38
39
40
41
58
84
85
70
26
60
62
63
29
71
88
93
106
105
51
90
89
92
91
30
52
48
49
50
80
34
65
66
76
97
4
2
3
111
37

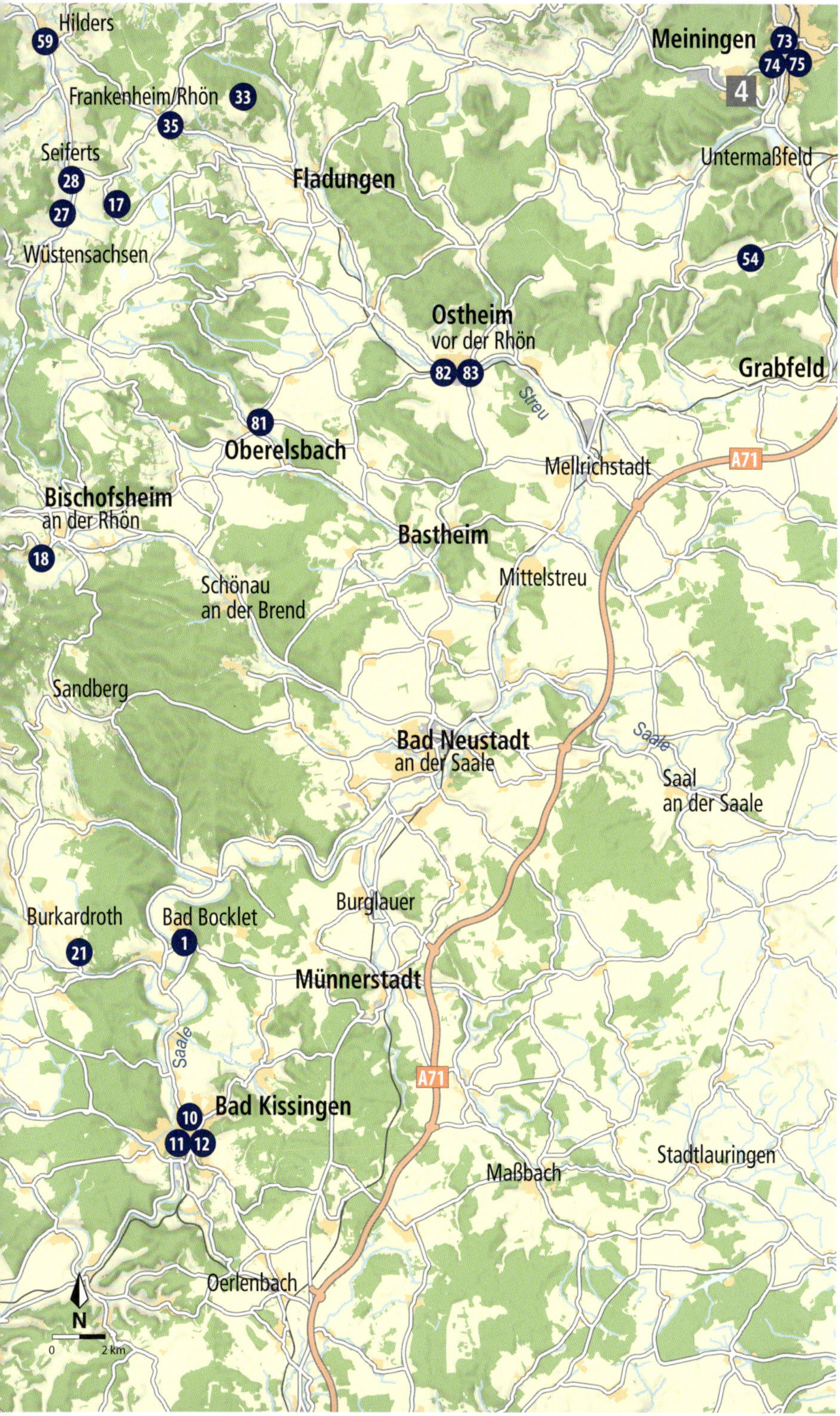

Hilders
59
Frankenheim/Rhön
33
35
Seiferts
28
27
17
Wüstensachsen
Fladungen
Meiningen
73
74
75
4
Untermaßfeld
54
Ostheim
vor der Rhön
82
83
Grabfeld
Streu
81
Oberelsbach
Mellrichstadt
A71
Bischofsheim
an der Rhön
18
Bastheim
Mittelstreu
Schönau
an der Brend
Sandberg
Bad Neustadt
an der Saale
Saale
Saal
an der Saale
Burglauer
Burkardroth
Bad Bocklet
1
21
Münnerstadt
Saale
A71
Bad Kissingen
10
11
12
Stadtlauringen
Maßbach
Oerlenbach
N
0
2 km

Dorothee Fleischmann,
Carolina Kalvelage
111 Orte in Budapest, die man gesehen haben muss
ISBN 978-3-95451-744-2

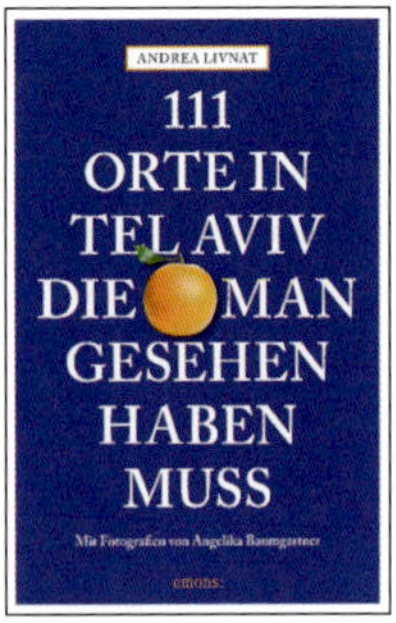

Andrea Livnat
111 Orte in Tel Aviv, die man gesehen haben muss
ISBN 978-3-95451-703-9

Beate C. Kirchner
111 Orte in Rio de Janeiro, die man gesehen haben muss
ISBN 978-3-95451-843-2

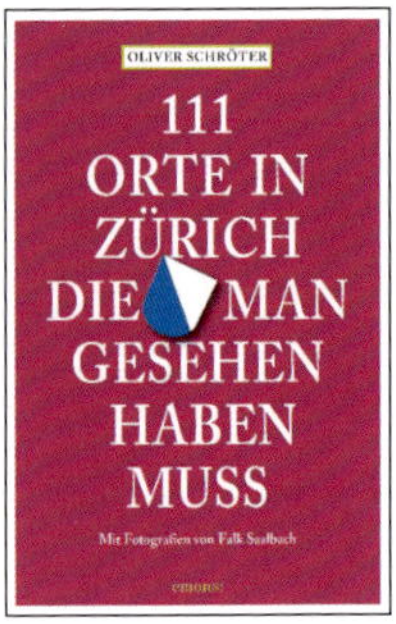

Oliver Schröter, Falk Saalbach
111 Orte in Zürich, die man gesehen haben muss
ISBN 978-3-95451-538-7

Rüdiger Liedtke
111 Orte in München, die man gesehen haben muss
ISBN 978-3-89705-892-7

Giulia Castelli Gattinara,
Mario Verin
111 Orte in Mailand, die man gesehen haben muss
ISBN 978-3-95451-617-9

Cornelia Ziegler
111 Orte auf Kreta, die man gesehen haben muss
ISBN 978-3-95451-540-0

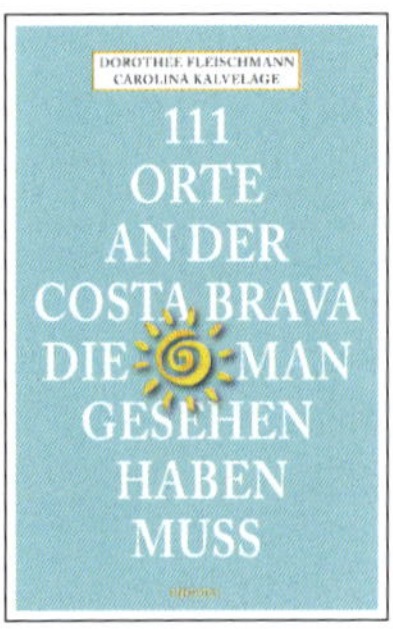

Dorothee Fleischmann,
Carolina Kalvelage
111 Orte an der Costa Brava, die man gesehen haben muss
ISBN 978-3-95451-561-5

Jo-Anne Elikann
111 Orte in New York, die man gesehen haben muss
ISBN 978-3-95451-512-7

Laszlo Trankovits,
Rüdiger Liedtke
111 Orte in Kapstadt, die man gesehen haben muss
ISBN 978-3-95451-456-4

Frank McNally
111 Orte in Dublin, die man gesehen haben muss
ISBN 978-3-95451-853-1

Mercedes
Korzeniowski-Kneule
111 Orte in Basel, die man gesehen haben muss
ISBN 978-3-95451-702-2

Gerd Wolfgang Sievers
111 Orte in Venedig, die man gesehen haben muss
ISBN 978-3-95451-352-9

Rüdiger Liedtke
111 Orte auf Mallorca, die man gesehen haben muss
ISBN 978-3-89705-975-7

Bernd Imgrund
111 Kölner Orte, die man gesehen haben muss
Band 1
ISBN 978-3-89705-618-3

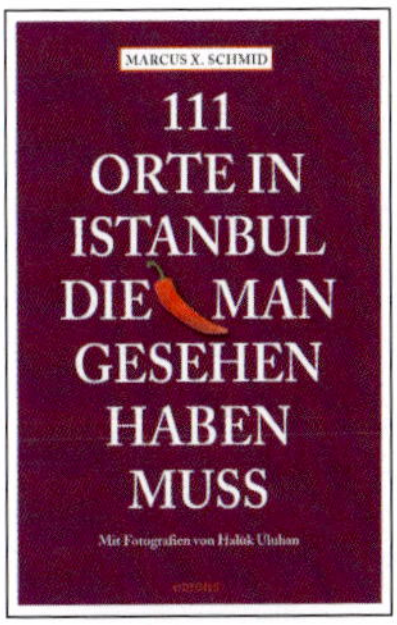

Marcus X. Schmid
111 Orte in Istanbul, die man gesehen haben muss
ISBN 978-3-95451-333-8

Christiane Bröcker,
Babette Schröder
111 Orte in Stockholm, die man gesehen haben muss
ISBN 978-3-95451-203-4

Lucia Jay von Seldeneck,
Verena Eidel, Carolin Huder
111 Orte in Berlin, die man gesehen haben muss
ISBN 978-3-89705-853-8

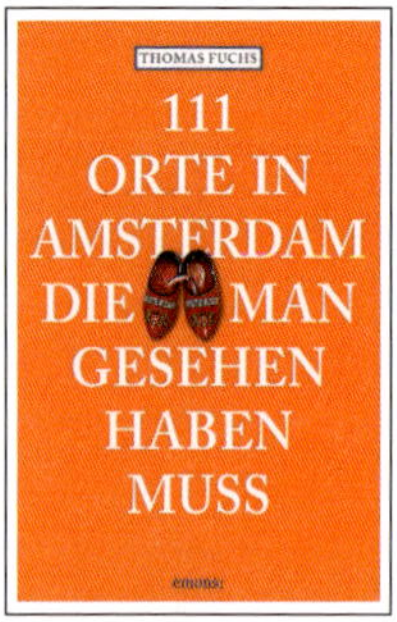

Thomas Fuchs
111 Orte in Amsterdam, die man gesehen haben muss
ISBN 978-3-95451-209-6

Annett Klingner
111 Orte in Rom, die man gesehen haben muss
ISBN 978-3-95451-219-5

John Sykes
111 Orte in London, die man gesehen haben muss
ISBN 978-3-95451-117-4

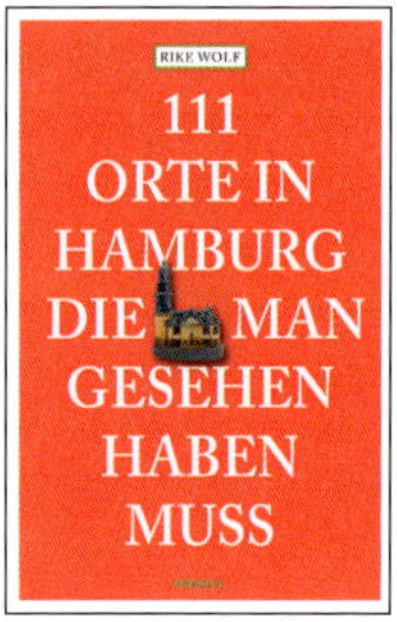

Rike Wolf
111 Orte in Hamburg, die man gesehen haben muss
ISBN 978-3-89705-916-0

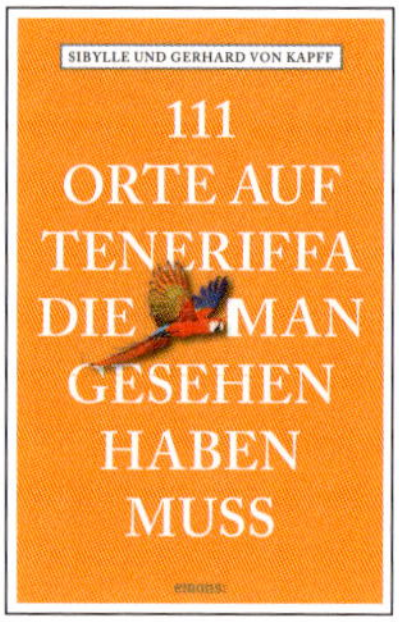

Sibylle von Kapff,
Gerhard von Kapff
111 Orte auf Teneriffa, die man gesehen haben muss
ISBN 978-3-95451-916-3

Kathrin Bielfeldt,
Raymond Wong
111 Orte in Hongkong, die man gesehen haben muss
ISBN 978-3-95451-914-9

Lust auf mehr? Laden Sie sich die »LChoice«-App runter, scannen Sie den QR-Code und bestellen Sie weitere Bücher direkt in Ihrer Buchhandlung.

LChoice

Hier bestellen

Danksagung

Ein ganz herzlicher Dank geht an alle Menschen, mit denen ich mich für dieses Buch treffen durfte und die mich an ihren Ideen, Visionen und Projekten teilhaben ließen.

Danke an Stephanie Mosler und Anne Baun für das Brainstorming im Vorfeld.

Danke an Martin, der zugunsten der Rhön auf den Wanderurlaub in den Alpen verzichtet hat.

Danke an meine Mutter fürs geduldige Fotografieren, danke an die Kaspers für das Equipment.

Danke an alle, die uns während der Recherche einen Schnaps ausgegeben haben.

Und den allergrößten Dank an Sebastian, ohne dessen Begleitung alles nur halb so schön gewesen wäre.

Und wie bei Ort 99 versprochen, kommt hier noch der Merksatz für die Berge im Hessischen Kegelspiel:

»*Ein Wiesel trägt auf seinem Rücken einen Apfel durch ein Stoppelfeld in einen kleinen, morschen Stall auf einer Lichtung, so is es.*«

Damit kann man sich Wissels-, Rückers-, Appels-, Stoppels-, Klein-, Mors-, Stall-, Licht- und Soisberg total leicht merken. Oder etwa nicht?

Der Autor

Tim Frühling ist direkt nach dem Abitur beim Radio gelandet – vom Waiblinger Lokalsender RMB-Radio ging es 1997 nach Frankfurt zum Hessischen Rundfunk. Dort hat er zunächst beim Jugendsender YOU FM die Morningshow moderiert, seit 2006 ist er regelmäßig bei der Popwelle hr3 zu hören. Nebenbei hat er beim WDR als Nachrichtenredakteur gearbeitet und präsentiert in der ARD und im hr Fernsehen die Wettervorhersage.

Die Fotografin

Christine Frühling ist die Mutter des Autors (*1951). Nach ihrer Ausbildung zur Fotografin in Braunschweig folgten eine Kinderpause und der Umzug nach Stuttgart. Seit fast dreißig Jahren arbeitet Christine Frühling im Reisebüro, lernt die schönsten Orte der Welt kennen und verbindet ihren Beruf mit ihrer Passion, der Fotografie.